그림으로 읽는 잠 못들 정도로 재미있는 이야기

범죄심리학

오치 케이타 감수 / 이영란 옮김

KB197674

BM (주)도서출판 성안당

머리말

 범죄심리학은 범죄자의 행동이나 심리를 과학적으로 분석하는 학문이다. 일본에서는 대학뿐만 아니라 법무성, 가정재판소, 경찰의 과학수사연구소, 소년과 등에 1,000명 이상의 범죄심리학자(법무기술관, 가정재판조사관도 포함)가 있다. 이들은 매일 범죄자, 비행 소년을 면접하거나 사건 조사, 재판에 임하면서 범죄 현상을 밝히려고 노력하고 있다.

 범죄심리학은 100년 이상의 역사를 가지고 있는데 이 오랜 세월 동안 많은 연구와 형사사법, 교정 실무를 통해 많은 것이 밝혀졌다. 그럼에도 불구하고 사람들은 학문으로서의 범죄심리학에 대해 올바른 지식을 갖고 있지 않은 듯하다. 그 원인은 사람들이 TV 드라마나 추리 소설, 애니메이션, 뉴스 보도 등을 보고 범죄심리학을 이해했다고 한다는 데 있다. 하지만 실제 현실에서는 드라마와 같은 사건은 거의 일어나지 않는다. 여러분이 범죄나 범죄자에 대해 품고 있는 이미지는 현실과는 동떨어져 있을 가능성이 크다. 또 TV 등에서 잘못된 해설이나 코멘트를 하는 범죄심리학자나 해설자가 있는 것도 그 원인 중 하나라고 할 수 있다.

사건에 대해 마치 전문가인 양 해설하는 사람들 중에는 놀랍게도 실제로 범죄자를 거의 접한 적이 없는 사람도 많다.

　이 책은 학문으로서의 범죄심리학, 즉 조사 데이터, 실험 데이터, 범죄자, 비행 소년에 대한 평가나 임상 활동 등을 바탕으로 소위 증거에 기초한 범죄심리학을 되도록 알기 쉽고 폭넓게 소개하기 위해 집필했다. 한 번만 읽어 보면 학문으로서의 범죄심리학도 매우 흥미롭고 중요한 연구 성과를 내고 있다는 사실을 알 수 있을 것이다.

　범죄 현상은 매우 다양하며 시대에 따라 변화한다. 그렇기 때문에 아직 잘 모르는 부분이 있거나 잠정적인 결론만 내리고 있는 것도 사실이다. 이런 문제는 범죄심리학의 프로뿐만 아니라 많은 사람이 협력하여 밝혀 나갈 필요가 있다.

　이 책에서 소개하고 있는 다양한 주제에 관심이 있다면 인터넷을 검색해 보거나 문헌을 찾아 읽어 보면서 범죄심리학에 대한 이해를 더 넓혀 나가기를 바란다.

호세이대학 교수
오치 케이타

머리말 2

제3장

성범죄 심리 75

제4장

DV·학대의 심리 101

제5장

다양한 범죄 심리 115

제 1 장

범죄심리학의 기초

01 범죄심리학이란?

범죄심리학이 다루는 대상

'범죄심리학'이라고 하면 흉악한 사건이 발생했을 때 '왜 그런 잔인한 범행에 이르렀는가'와 같이 범인의 심리를 연구하거나 '프로파일링'으로 범인의 성격이나 거주지를 추정하는 학문이라는 이미지가 강하다.

하지만 이러한 이미지는 현실의 범죄심리학과 차이가 있다. 왜냐하면 범죄심리학이 다루는 분야는 좀 더 다양하며, 범죄심리학이 오로지 범인의 심리나 범인상만을 추정하기 위한 학문이 아니기 때문이다.

실제로 범죄심리학이 다루는 분야는 사람이 왜 범죄자가 되는지를 연구하는 '범죄원인론'이나 심리학의 지식을 응용하여 범인 체포 방법을 연구하는 '수사심리학' 외에도 재판 과정에 심리학의 지식을 응용하는 '재판심리학', 범죄를 저지른 사람이나 비행 소년을 어떻게 갱생시킬지 연구하는 '교정심리학', 범죄자의 행동 특징을 조사하고 그 지식을 바탕으로 효과적인 범죄 예방 대책을 세우는 '범죄예방심리학' 등 매우 다양하다.

즉, 범죄심리학은 '범죄라는 현상과 관련된 다양한 문제를 심리학적 방법론을 사용하여 연구하고, 이 연구를 통해 얻은 법칙을 사법이나 행정에 응용하는 학문'이라고 할 수 있다.

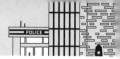

범죄심리학의 분야

범죄원인론

범죄의 원인을 밝혀내고자 하는 연구로, 범죄원인론에는 다음과 같은 것이 있다.

■ 생물학적 접근
호르몬이나 신경전달물질, 유전자, 영양분 등과 범죄의 관계를 규명하는 연구

■ 심리학적 접근
성장에 따른 학습이나 성격, 대중 매체에 따른 영향 등과 범죄의 관계를 규명하는 연구

■ 사회학적 접근
교우 관계나 지역 사회, 문화나 사회 체제, 경제 상황 등과 범죄의 관계를 규명하는 연구

수사심리학

심리학의 지식을 응용하여 범인의 발견이나 체포에 도움을 주는 학문으로, 범죄자 프로파일링이나 지리적 프로파일링, 효과적인 취조 기술의 연구, 인질극 사건에서 범인과의 교섭이나 돌입 시점 연구가 있다.

재판심리학

재판 과정의 심리학적 문제를 다루는 학문으로, 재판에서 증언의 신빙성이 어느 정도인지, 배심원이나 재판관이 어떻게 생각하고 판결하는지 등을 연구하는 것 외에 범인의 책임 능력을 묻는 정신 감정도 재판심리학의 분야에 속한다.

교정심리학

범죄자나 비행 소년의 자질을 감별하고 본인이 저지른 죄를 반성하고 바르게 살도록 하는 방법을 연구 및 실천하는 학문이다.

범죄예방심리학

범죄자의 행동 특징을 조사하고 그 지식을 바탕으로 효과적인 범죄 예방 대책을 수립하는 학문으로, 범죄가 일어나기 쉬운 환경 조건, 범죄를 막기 위한 주거 설계나 도시 계획, 범죄 예방 교육 등을 연구한다.

범죄심리학

02 범죄심리학은 현장에 어떻게 도움을 줄까?

범죄 예방, 수사, 재판, 갱생에 사용한다

범죄심리학이라는 학문은 우리 생활에 어떤 도움을 줄까?

첫째, '범죄 예방'이다. 범죄를 예방하기 위해서는 도시나 집을 범죄를 방지 또는 예방하는 데 도움이 되는 방향으로 설계하거나 자신의 몸을 지킬 수 있는 공간을 만드는 노력 등이 중요하다. 또 이를 실행하는 데 기본이 되는 것이 '깨진 창 이론'이다. 이 이론은 유리창 하나가 깨져 있으면 그곳은 아무도 관리하지 않는다고 생각해 결국 그 주변이 무법천지가 되어 간다는 개념이다.

둘째, '수사'이다. 범죄를 저지른 범인을 찾을 때 프로파일링(60쪽) 등과 같은 기법을 사용하여 어떤 인물이 범행을 저질렀는지를 특정한다.

셋째, '재판'이다. 현재 일본에서도 배심원 제도를 시행하고 있다. 범죄심리학은 재판에 참여할 일반인 선정이나 관리 등에 사용된다. 물론 재판을 공정하게 치르기 위한 정신 감정도 중요하다.

마지막으로 범죄를 저지른 사람을 대상으로 하는 '갱생 지원'이다. 범죄를 저지른 소년에 대한 교정 외에도 카운슬링이나 심리 요법을 사용하여 범죄자의 갱생을 지원한다.

이와 같이 현재 사회에서 범죄심리학이 다루는 분야의 폭은 매우 넓다고 할 수 있다.

범죄심리학의 주요 용도

범죄심리학은 다양한 용도로 사용된다.

범죄 예방

- 범죄를 예방한다.
- 환경 설계
- 몸을 지키는 공간
- '깨진 창 이론'

수사

- 범죄 수사를 지원한다.
- 프로파일링
- 교섭술
- 폴리그래프 검사

재판

- 공정한 재판이 될 수 있도록 한다.
- 배심원 제도의 지원
- 증언의 신빙성 감정
- 용의자의 정신 감정

갱생

- 범죄자가 갱생하도록 지원한다.
- 비행 소년의 평가
- 카운슬링
- 지역 지원

범죄 예방 목적으로 활용되는 '깨진 창 이론'

건물의 창문이 깨져 있으면…

제대로 관리하고 있지 않으니까 나쁜 짓을 해도 괜찮겠지.

이런 일이 거듭되어 지역의 치안이 악화된다.

창을 깨끗하게 고치면 '이곳은 제대로 관리되고 있다'는 인식이 퍼져 범죄가 일어나기 어려워진다. 이를 계기로 지역의 치안이 점차 좋아진다.

03 겉모습으로 범죄자를 알 수 있을까?

겉모습만으로는 판단할 수 없다

범죄를 저지른 사람, 앞으로 범죄를 저지를 사람을 겉모습만으로 판단할 수 있을까?

결론부터 말하면 현대의 연구로서는 명확하게 판단할 수 없다는 것이 통설이다.

이에 대해서는 많은 연구자가 연구를 거듭해 왔다.

신체의 특징과 범죄의 관계를 처음 연구한 사람은 이탈리아의 의학자인 '롬브로소'이다. 그는 형무소에 수감되어 있는 범죄자와 범죄자가 아닌 사람을 비교하여 그 원인을 밝혀내려고 했다. 연구 결과, 롬브로소는 범죄자가 ① 작은 뇌, ② 두꺼운 두개골, ③ 큰 턱, ④ 좁은 이마, ⑤ 큰 귀, ⑥ 이상한 치열, ⑦ 매부리코, ⑧ 긴 팔과 같은 신체적 특징을 보인다고 했다. 그리고 이런 특징은 사람보다는 동물에 가깝다고 결론지었다.

롬브로소의 연구는 범죄를 인류학적으로 파악했다는 점에서 평가를 받고 있다. 그러나 그의 가설에는 많은 문제점이 있다.

그 후에도 다양한 연구가 있었고 근래에는 연쇄 살인자의 눈은 일반 사람들의 눈과 다르다거나 얼굴이 갸름한 남성이 살해되기 쉽다는 가설도 나왔다. 그러나 이러한 연구는 모두 어느 정도의 통계를 기초로 한 가설의 영역을 벗어나지 못했기 때문에 범죄자나 피해자를 겉모습만으로 판단할 수 있다는 결론까지는 이르지 못했다.

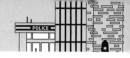

신체적 특징에 따른 범죄 연구

롬브로소의 범죄인류학적 접근

19세기 후반 이탈리아의 의학자인 롬브로소는 인류학적인 견지에서 범죄의 원인을 규명하려고 했다.

롬브로소가 제창한 범죄자의 신체적인 특징

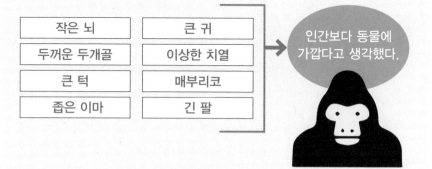

작은 뇌	큰 귀
두꺼운 두개골	이상한 치열
큰 턱	매부리코
좁은 이마	긴 팔

인간보다 동물에 가깝다고 생각했다.

근래의 연구에 따른 범죄와 겉모습에 관련된 가설

■ 연쇄 살인범은 눈을 보면 알 수 있다.

연쇄 살인범과 연쇄 살인범이 아닌 사람의 눈 부분만 보여 주고 신뢰감이나 호감을 평가하게 했더니 살인범은 신뢰하기 어렵고 호감이 가지 않는다는 결과가 나왔다.

■ 얼굴이 갸름한 남자는 살해되기 쉽다.

미국의 데이터를 사용하여 폭력에 의한 살인 사건의 피해자를 조사한 결과, 얼굴이 갸름한 남자의 비율이 높다는 결과가 나왔다.

 그러나 현재는 겉모습만으로는 범죄자인지 아닌지 알 수 없다는 생각이 일반적이다.

범죄 행위와 테스토스테론의 관계

테스토스테론과 공격성

범죄가 사람의 호르몬이나 신경전달물질, 염색체 등과 같은 다양한 생물학적 대응물과 관련이 있는지에 대한 조사도 이루어지고 있다. 그중에서 범죄와 관련이 큰 것으로 여겨지는 것이 남성 호르몬인 '테스토스테론'이다.

제임스 댑스는 수감자의 타액 속에 포함되어 있는 테스토스테론의 농도와 폭력적인 범죄와의 관련성 그리고 교도소 안에서의 규칙 위반과의 관련성을 조사했다. 그 결과, 테스토스테론의 농도가 높을수록 폭력적인 범죄를 저질렀고 규칙도 잘 위반한다는 것을 알게 되었다. 이런 경향은 여자 수감자에게도 나타났다.

그 후 연구가 진행되면서 이 관련성이 절대적이 아니라 상대적이라는 것을 알게 되었다. 예를 들어 침팬지 실험에서는 사회적 지위가 올라가면 테스토스테론의 농도가 바뀐다는 결과가 나왔다. 인간도 사회적 조건에 따라 테스토스테론의 양이 변화할 가능성이 있다.

또한 테스토스테론은 공격성뿐만 아니라 용감함과도 관련이 있다. 예를 들어 소방대원의 용감함과 테스토스테론의 농도와 관련이 있다는 연구 결과도 있다.

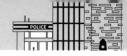

호르몬과 범죄의 관계성

남성 호르몬 '테스토스테론'

테스토스테론은 남성 호르몬으로, 남자와 여자 둘 다 갖고 있다. 이 양이 많으면 공격적으로 변한다고 한다.

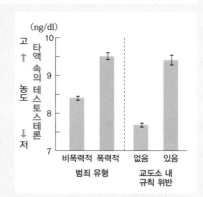

테스토스테론과 범죄의 관계
(Dabbs & Dabbs, 2000)

댑스 등은 수감자 113명의 타액 속에 포함되어 있는 테스토스테론의 농도를 조사했다. 그 결과, 농도가 높은 수감자일수록 폭력적인 범죄를 저질렀고 교도소 안의 규칙도 위반하는 경향이 있다는 결과가 나왔다.

 테스토스테론과 범죄에는 어떤 인과 관계가 있다고 생각할 수 있다.

테스토스테론에 대한 속설

사회적 지위가 올라가면 테스토스테론의 농도가 변화한다.

소방대원의 용감성은 테스토스테론의 농도와 관련이 있다.

 각종 설이 있지만, 현재는 테스토스테론의 농도와 공격성과의 관계를 한 마디로 결론지을 수 없다.

범죄 행위와 테스토스테론의 관계

05 살인범의 뇌는 다른 사람과 다를까?

살인과 관련된 전전두피질

　　　　최근 들어 뇌 기능과 범죄의 관계에 대한 연구가 주목받고 있다. 즉, 뇌의 기능이 폭력성과 어떤 인과 관계가 있는지를 조사한 것이다.

　레인은 41명의 살인범과 똑같은 수의 일반인을 대상으로 뇌에 어떤 차이가 있는지 실험했다. 이 실험은 화면에 ○ 표시가 나타나면 반응 버튼을 누르는 단순한 것으로, 32분 동안 뇌의 활동을 조사했다. 그 결과, 살인범은 뇌의 전전두피질이라는 부위의 기능이 약하다는 것을 알게 되었다.

　전전두피질은 뇌의 앞쪽에 있는 부위로, 사전에 계획을 세우거나, 행동을 조정하거나, 충동을 억제하거나, 집중력을 유지하는 기능을 한다. 이 부위가 제대로 기능하지 않으면 분노를 통제하지 못하게 되고 충동적인 폭력, 더 나아가 살인으로 발전하는 메커니즘이 있다고 여겨진다.

　사고로 이 부위에 손상을 입은 사람이 사고 후에 공격적이고 충동적인 성격으로 바뀌었다는 전전두피질 장애에 관한 사례도 있다.

　또 냉정하고 침착하게 계획적으로 범죄를 수행하는 연쇄 살인범 중에는 전전두피질에 이상이 없는 경우도 있다.

뇌와 범죄의 관계성

레인의 실험

범죄학자인 레인은 41명의 살인범과 동일한 수의 일반인을 대상으로 뇌의 기능에 대한 실험을 했다.

모니터 앞에 대기하고 있다가 화면에 ○ 표시가 나타나면 반응 버튼을 누른다. 이 실험을 32분 동안 시행하면서 뇌의 상태를 조사한다.

〈결과〉
살인범은 일반인에 비해 뇌의 전전두피질이라는 부위의 기능이 약하다는 것을 알게 되었다.

전전두피질

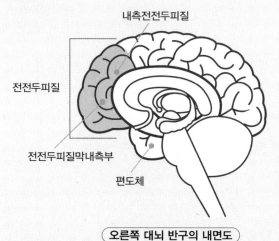

내측전전두피질

전전두피질

전전두피질막내측부

편도체

오른쪽 대뇌 반구의 내면도

전전두피질은 사전에 계획을 세우거나, 행동을 조정하거나, 충동을 억제하거나 집중력을 유지하는 기능을 한다.
이곳에 장애가 있으면 충동적이고 범죄를 저지르기 쉽다고 알려져 있다.

06 범죄를 저지르기 쉬운 성격이 있을까?

범죄로 이어지는 성격의 특성

　　범죄를 심리학적으로 생각하다 보면 범죄를 저지르기 쉬운 성격의 특성이 보인다. 여기서는 그중 몇 가지를 설명하겠다.

　첫째, '적의 귀속 바이어스'이다. 이는 외부로부터 뭔가 자극이 있었던 경우, 그것을 자신에 대한 도발이나 공격으로 받아들이기 쉬운 인지적 경향이다.

　둘째, '적의적 반추 경향'이다. 일반적으로 화는 시간이 지나면 사그라진다. 하지만 이 유형의 사람은 화가 난 상황을 몇 번이고 반복적으로 생각함으로써 그 화를 지속시킨다.

　셋째, '자기 통제 결핍'이다. 말 그대로 자기 자신의 욕망이나 감정을 제어하지 못하고 그때그때의 만족을 갈구하는 경향을 말한다.

　마지막으로 '생애 지속형 반사회성'이다. 비행은 청소년기에만 빠지는 사람이 많은데, 이 유형의 사람은 평생에 걸쳐 범죄를 계속 저지르게 된다. 이런 사람에게는 원인이 되는 유전자가 존재하고 그 유전자의 영향으로 신경학적으로 이상이 발생한다고 여겨지고 있다.

　더욱이 자신을 특별하다고 생각하는 '자기애(나르시시즘)' 경향을 가진 사람도 공격성이 강하다고 알려져 있다.

범죄를 저지르기 쉬운 성격이란?

범죄와 밀접한 관련이 있다고 여겨지는 주요 성격 특성

적의 귀속 바이어스

외부의 자극(말·행동 등)을 자신에 대한 도발이나 공격으로 받아들이는 인지적 경향

적의적 반추 경향

한번 화를 내면 그 계기가 된 일을 머릿속에서 계속 반복적으로 생각하는 경향

자기 통제 결핍

자신의 욕망이나 감정을 억제할 수 없어 타인을 배려하거나 공감할 수 없는 특성

생애 지속형 반사회성

청년기에 그치지 않고 평생에 걸쳐 반사회적 행동을 반복하는 특성

공격성을 촉진할 가능성이 있다고 여겨지는 '자기애(나르시시즘) 경향'

나는 특별한 사람이야.

주위 사람들도 나를 특별하게 대접해야 해.

다른 사람은 나에 비해 무능해.

주위 사람들은 나를 제대로 평가하고 있지 않아.

자기애(나르시시즘) 경향이란, 자신을 사랑하고 특별한 사람이라고 생각하는 경향이다. 종래에는 폭력이나 범죄를 억제하는 경향으로 여겼지만, 근래에는 이와 반대로 공격성을 촉진할 가능성이 있다고 여겨지고 있다.

07 '사이코패스'는 범죄자가 되기 쉬울까?

사이코패스 경향과 범죄

근래 자주 듣는 말로 '사이코패스'가 있다. 사이코패스 경향도 범죄를 저지르기 쉽다고 여겨지는 성격 중 하나이다.

사이코패스 경향은 극도의 자기중심성과 충동성을 갖고 있는 인격 장애의 일종이다. 그런데 정신병적인 증상은 보이지 않는다. 사이코패스 경향의 특징으로는 무책임, 얕은 감정, 공감성 결핍, 죄책감 결핍, 부정직하고 불성실함 등을 들 수 있다.

이들이 범죄를 저지르게 되는 배경에는 타인을 염두에 두지 않고 자신의 욕구를 실현시키려고 하는 자기중심적인 생각이 도사리고 있다. 또 비정하고 타인을 자신의 도구처럼 취급하는 특징도 보인다.

일반적으로는 비도덕적인 성격이지만 자신감 있게 행동하거나 언변이 좋아 매력적으로 보이는 경우도 있다.

사이코패스 경향을 가진 사람이 살인을 저지르는 경우도 있는데, 그 범행에도 특징이 있다. 이들은 화가 나서 충동적으로 범죄를 저지르는 경우가 적고 살인을 수단으로 사용하여 다른 뭔가를 하는 도구적인 범죄가 많다.

사이코패스 경향은 흔히 악한 인격으로 여겨지지만, 항상 냉정을 유지하고 위험 부담을 마다하지 않는 행동 특성 때문에 용감한 소방대원이나 혁신가, 응급 의사 등으로 활약하고 있는 사람도 있다.

사이코패스의 특징

사이코패스란?

극도의 자기중심성과 충동성을 갖고 있는 일종의 인격 장애. 타고나는 성격적 특성으로, 평생 지속된다. 신경계 문제에 따른 것으로도 알려져 있다.

공감성·죄책감이 결핍되어 있다.

무책임하고 감정이 얕다.

불성실하고 부정직하다.

자심감 있게 행동하거나 언변이 좋아 표면적으로는 매력적으로 보이는 경우도 있다.

자신의 욕구를 실현하는 것이 우선이므로 타인을 염두에 두지 않는다.

타인을 자신의 도구처럼 다루고 비정하다.

이러한 특성에 따라
중대한 범죄를 일으킬 수 있다

사이코패스에 의한 살인 사건의 특징

분노 등으로 인한 충동적인 범죄는 적다.

살인을 수단으로 이용한다.

살인 자체가 목적이 아니라 다른 도구로서 살인을 저지른다.

사이코패스의 성격 특성을 살려 소방대원, 혁신가, 응급 의사 등으로 활약하는 사람도 있다.

'사이코패스'는 범죄자가 되기 쉬울까?

08 사회 구조가 범죄를 낳는다?

범죄를 사회적 요인으로 보는 아노미 이론

지금까지 생물학적 관점과 심리학적 관점에서 범죄의 요인을 살펴보았는데, 사람을 둘러싼 사회에 범죄의 요인이 있다는 연구도 있다. 그 대표적인 것이 뒤르켐이 틀을 만든 '아노미 이론'이다.

아노미 이론에서는 사회 구성원이 공통으로 갖고 있는 목표(문화적 목표)를 수용할지, 거부할지를 먼저 생각한다. 여기서 문화적 목표란 미국의 경우 부와 명성, 일본의 경우 학력 등이 해당된다.

그다음, 이에 대해 법률이나 교육, 근면하게 일하는 것 등의 제도화된 수단을 수용할지, 거부할지를 살펴본다. 이 두 개의 축을 조합해 보면 그 사람의 스탠스를 알 수 있다.

머튼은 이러한 상태를 '문화적 목표와 제도화된 수단의 긴장 상태'라고 보았다.

이 상태에서 문화적 목표를 수용하고 제도화된 수단을 거부하는 경우, 비합법적인 수단을 동원해서라도 부와 명성을 얻으려 하기 때문에 범죄로 이어질 수 있다. 또한 문화적인 목표와 제도화된 수단 모두를 거부하는 경우에는 비합법적이라도 순간의 쾌락을 추구하여 약물 남용 등의 범죄로 이어질 가능성이 있다.

아노미 이론으로 보는 범죄의 요인

범죄 요인 파악 방법

내면적 요인

성격, 뇌 기능 등
인간의 내면적인
것에 요인이 있다
는 개념

환경적 요인

사회 구조, 처한 환경 등 외부
적인 것에 요인이 있다는 개념

아노미 이론 등

23

아노미 이론에서 생각하는 사회 구조

아노미란, '무규범', '통제되지 않은 상태'를 말한다. 사회의 문화적 목표와 제도
화된 수단의 관계에 따라 범죄를 저지르는 사람들이 나타난다.

머튼의 아노미 이론 분류

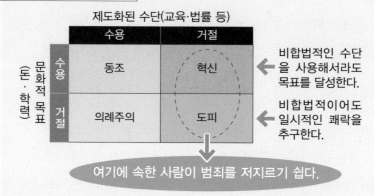

비합법적인 수단
을 사용해서라도
목표를 달성한다.

비합법적이어도
일시적인 쾌락을
추구한다.

여기에 속한 사람이 범죄를 저지르기 쉽다.

문화적 목표와 제도화된 수단이 성립되어 있는 상태를 '긴장 상태'라고
한다. 이 분류 외에 새로운 목표를 갖고 새로운 수단을 생각하는 사람
(반항)도 있다.

사회 구조가 범죄를 낳는다?

09 '가정 환경에 문제가 있으면 비행에 빠지기 쉽다'는 거짓말!?

가정보다 교우 관계의 영향이 크다

청소년 비행이 화두에 오르면 그 가정 환경에 눈을 돌리는 경우가 많다. 예를 들어 부모의 폭력을 경험하면서 자라면 아이도 문제 해결의 수단으로 상대를 공격하는 것이 일반적이라고 여기기 쉽다.

그런데 실증적 연구에 따르면, 가정 환경은 일반 사람이 생각하는 만큼 비행에 미치는 영향이 크지 않고 오히려 교우 관계가 영향이 더 크다는 견해가 많다고 한다.

물론 가정에 문제가 있기 때문에 아이가 집에 있지 못하고 그것이 불량한 교우 관계를 형성하는 원인이 되는 경우가 있다. 또 부모 자식 간의 관계가 끈끈하지 않으면 아이가 어디에서 누구와 놀고 있는지 모르고 비행 그룹과 접촉하고 있다는 것을 알아차리기 어려운 경우도 있다. 그러나 이는 모두 직접적인 원인이 아니므로 가정 환경에 문제가 있기 때문에 비행에 빠진다는 것은 성급한 생각이라고 할 수 있다.

비행의 원인으로는 교우 관계의 영향 외에 본인의 성격상 문제도 크다. 욕망이나 감정을 억누르지 못하거나 욕구 불만에 대한 내성이 약한 것 등 자기 통제(18쪽)가 불가능한 유형이 비행을 저지르기 쉽다고 여겨진다. 물론 실제로 범행을 저지른 청소년을 갱생시키는 과정에서 가정의 존재가 중요하다는 것은 분명한 사실이다.

비행과 가정환경의 인과 관계

비행에 영향을 미치는 것

비행의 원인에 미치는 영향은 가족 관계보다 교우 관계가 더 크다.

가정 환경과 비행

부모와의 사이가 좋지 않아 집에 있기 힘들기 때문에 비행 그룹과의 접촉이 많아지는 등 가정 환경이 비행의 직접적인 원인이 아닌 경우가 있다.

가정 환경과 상관없이 자기 통제 결핍이나 자존심이 극단적으로 높거나 낮은 등 개인의 성격에 따른 영향이 크다고 여겨진다.

'가정 환경에 문제가 있으면 비행에 빠지기 쉽다'는 거짓말!?

불량 서클에 들어가는 이유는?

불량해지는 사람과 그렇지 않은 사람

친구의 영향으로 비행을 저지르는 사람의 사례는 서덜랜드가 제안한 '차별적 접촉 이론'으로 어느 정도 설명할 수 있다.

우리 행동의 기반이 되는 가치관은 주위에 있는 친숙한 사람을 학습함으로써 만들어진다. 따라서 학습한 대상이 법률을 경시하고 반사회적으로 행동하면 그와 같은 행동을 하게 된다. 그리고 비슷한 가치관의 사람과 같이 있으면 안도감이 들기 때문에 불량 서클에 들어가게 된다.

그런데 이 이론은 불량한 사람과 사귀더라도 비행을 저지르지 않는 사람이 있는 이유는 무엇인지 설명하지 못한다.

그 이유를 설명한 것 중 하나가 바로 '차별적 동일시 이론'이다. 글레이저에 따르면, 직접 접촉하지 않더라도 TV나 영화에서 본 유명한 사람을 이상형으로 여기면 행동의 학습이 가능하다고 한다. 예를 들어 조폭영화를 보고 주인공을 동경하면 나쁜 인간이 되어 간다. 하지만 활약 중인 스포츠 선수를 동경하면 그 선수와 동일시하려고 한다. 더욱이 자기 자신이 선악의 구별에 엄격하다는 긍정적인 자기 개념을 갖고 있다면 주위에 불량한 친구가 있더라도 불량 서클에는 들어가지 않는다. 이를 '비행 절연체 이론'이라고 한다.

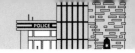

차별적 접촉 이론의 개념과 문제점

차별적 접촉 이론

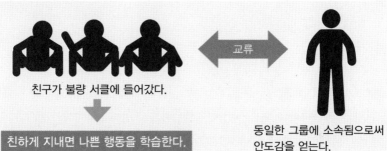

친구가 불량 서클에 들어갔다.

교류

친하게 지내면 나쁜 행동을 학습한다.

동일한 그룹에 소속됨으로써
안도감을 얻는다.

불량 서클과 친교가 있더라도 비행을 저지르지 않는 사람이 있는 이유
는 무엇인지 의문이 남는다.

차별적 동일시 이론

축구 선수 멋있다!

주위에 있는 사람이 아니어
도 TV 등을 보고 동경하여
목표로 삼으면 불량 서클의
영향을 받지 않을 가능성이
있다.

비행 절연체 이론

가족 관계가 양호하거나 학교를 좋아하는 마음
등으로 긍정적인 자기 개념을 갖게 된다. 그러
면 비행과는 거리를 두는 행동을 한다.

이러한 이론에 해당하는 다양한 요인에 따라 불량 서클에 들어갈지 말
지가 결정된다.

27

불량 서클에 들어가는 이유는?

11 '비행 소년'이라는 낙인이 비행을 악화시킬까?

비행으로 이어지는 낙인 이론

사람은 다른 사람에게 꼬리표를 붙이고 보기 쉽다. 그리고 그 시선에 따라 꼬리표가 붙은 사람의 내면도 달라져 간다. 이러한 현상과 관련하여 베커가 제창한 것이 바로 '낙인 이론'이다.

한 소년이 우연히 어떤 범죄를 저지르고 말았다. 그것은 단 한 번뿐인 일이었고 그대로 두면 그 소년은 성실한 어른이 될지도 모른다. 하지만 그가 검거되어 소년원에 들어갔다고 가정해 보자. 이 일이 알려지면 그는 '소년원에 다녀온 불량 소년'이라는 낙인이 찍힌다. 그리고 주위 사람들이 계속 그런 눈으로 보면 계속해서 죄를 짓게 된다.

이러한 낙인은 사법 기관이나 사회가 찍는 것이다. 범죄를 단속하고 갱생 시설로 보내는 것 자체가 그 사람에게 낙인을 찍고 비행을 반복하게 하는 모순을 담고 있다. 미국에서는 이에 대한 대책으로 범죄 아동을 가능한 한 소년원에 보내지 않도록 했던 적이 있었다. 그러나 이 대책은 범죄의 감소에 그다지 기여하지 않았다. 결론적으로 말하면 하나의 이론만으로 대책을 세울 것이 아니라 다양한 사정을 고려해 대책을 세우는 것이 중요하다.

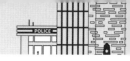

낙인 이론과 비행의 관계

낙인 이론

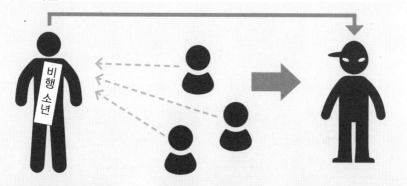

| 사회가 '비행 소년'이라는 낙인(꼬리표)을 찍는다. | 주위 사람들도 비행 소년이라는 시선을 보낸다. | 더 나쁜 짓을 하는 사람으로 변한다. |

사람의 행동은 주위 사람이 어떻게 보고 있느냐에 따라 크게 바뀐다.

누가 낙인을 찍는 것인가?

- 지도
- 체포

- 소년원 출소
- 소년원까지 갔다.

경찰

소년원 등 시설

비행이나 범죄를 없애기 위한 사회 시스템이 오히려 낙인을 찍고 갱생을 방해할 가능성이 있다.

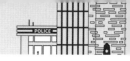

29

'비행 소년'이라는 낙인이 비행을 악화시킬까?

12 게임이나 애니메이션의 영향으로 정말 폭력적인 사람이 될까?

2가지 효과를 생각할 수 있다

서스펜스물이나 액션물 등 폭력적인 장면이 많은 영화나 애니메이션은 인기가 많다. 이러한 영상은 보는 사람의 심리에 어떤 영향을 미칠까?

여기에는 2가지 설이 있다. 첫 번째는 '관찰학습설'로, 폭력적인 영상을 보면 그 행동을 학습해서 같은 행동을 하는 동기가 부여된다는 것이다.

두 번째는 '카타르시스설'로, 관찰학습설과 반대로 폭력적인 영상을 봄으로써 기분이 통쾌해져 폭력적인 행동을 억제한다는 것이다.

많은 실험이 이루어졌지만, 현재는 카타르시스설보다 관찰학습설이 많은 지지를 받고 있다.

폭력적인 영상에 관해 최근 특히 문제시되는 것이 폭력적인 게임의 영향이다. 폭력적인 게임은 자신이 직접 주인공이 되어 적이나 좀비 등을 무찌른다. 이때 플레이어가 자발적인 행동을 하여 변화가 나타나면 그 행동이 증폭되는 '오페란트 조건 반사'가 일어나 관찰학습 효과가 보다 강하게 나온다는 것이다.

그러나 그렇다고 해서 폭력적인 영화나 게임을 규제하는 것만이 능사는 아니다. 왜냐하면 역사적으로 널리 수용되어 왔다는 것은 뭔가 다른 유익한 역할이 있기 때문일 것이다.

폭력적인 미디어와 범죄의 관계

폭력 영상에 관한 2가지 설

폭력적인 영상을 본 경우

관찰학습설

폭력적인 영상을 보면 그 행동을 학습하여 폭력적인 행동이 촉진된다.

카타르시스설

폭력적인 영상을 보면 기분이 통쾌해져 폭력적인 행동이 억제된다.

➡ 최근의 연구에서는 관찰학습설이 지지를 받고 있다.

폭력 게임의 영향

폭력적인 영상과 폭력적인 게임의 차이

일반적으로 폭력적인 영상은 어디까지나 수동적으로 보고 있는 것에 지나지 않는다. 반면 격투 게임 등과 같은 폭력적인 게임은 플레이어가 주체적으로 행동하여 적을 무찌르는 시스템이다.

자발적인 행동을 한 결과, 행동이 발생하는 환경이 조성되면 그 자발적 행동이 증가하는 '오페란트 조건 반사'가 작동하여 보다 강력한 공격 촉진 효과가 있다고 한다.

31

게임이나 애니메이션의 영향으로 정말 폭력적인 사람이 될까?

13 소년 범죄가 정말 옛날보다 흉악해졌을까?

최근 일본에서는 TV 뉴스나 와이드쇼에서 소년 범죄가 흉악해지고 연령이 낮아지는 것을 한탄하는 내용이 많이 보도되고 있다.

그 계기가 된 것이 바로 1997년에 일어난 '고베 연쇄 아동 살상 사건'이다. 이 사건은 사체의 일부가 학교 교문 앞에 놓여 있거나 범행 성명문이 나오는 등 큰 화제가 되었다. 그리고 붙잡힌 범인이 소년이었다는 점에서 사회에 큰 충격을 안겨 주었다. 이 사건을 계기로 2000년에는 소년법 자체가 소년 범죄를 엄벌에 처하는 방향으로 개정되었다. 그렇다면 정말 청소년이 저지른 범죄가 흉악해지고 범죄 연령이 낮아지고 있을까? 이에 대해서는 많은 논의가 있었다.

수치로만 보면 청소년이 저지른 강도, 살인과 같은 범죄는 1960년 무렵과 비교하여 줄어들었다. 1997년 무렵에는 강도 건수가 증가했지만, 이는 절도 사건에서 피해자에게 상해를 입힌 건수도 포함되어 있어 흉악해졌다는 증거는 되지 않는다. 살인 사건의 경우도 청소년에 의한 잔인한 사건이라는 점에서 미디어가 크게 화제로 삼았기 때문에 인상에 강하게 남아 있는 것에 지나지 않고 과거에는 더 잔인한 사건도 일어났다. 따라서 일률적으로 소년 범죄가 날로 흉악해지고 범죄 연령이 낮아지고 있다고 단정 지을 수는 없다.

과거와 최근의 소년 범죄 비교

최근에 발생하는 소년 범죄에 대한 매스컴의 보도

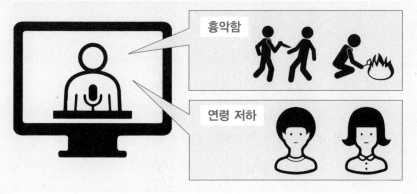

흉악함

연령 저하

1997년 무렵부터 소년 범죄가 흉악해지고 연령이 낮아졌다는 보도가 많아졌다.

청소년이 저지른 범죄 건수의 추이

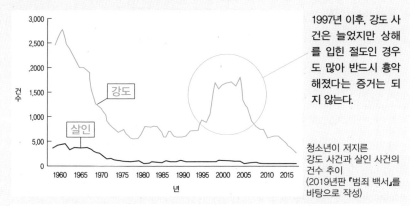

1997년 이후, 강도 사건은 늘었지만 상해를 입힌 절도인 경우도 많아 반드시 흉악해졌다는 증거는 되지 않는다.

청소년이 저지른 강도 사건과 살인 사건의 건수 추이 (2019년판 『범죄 백서』를 바탕으로 작성)

잔인한 사건이 보도되면서 흉악해졌다는 이미지가 부풀려졌지만, 역사적으로 보면 그러한 사건은 과거에도 일어났다. 따라서 소년 범죄가 대체로 흉악해졌다고 단정 지을 수는 없다.

14 낙태 합법화로 범죄가 급격히 줄어들까?

상관 관계는 인정해도 논의의 여지가 있다

낙태는 미국을 비롯한 많은 나라에서 찬반 논의가 이루어지고 있는데 그 와중에 한 가설이 논쟁을 불러일으키고 있다.

이 논쟁이 일어난 계기는 1990년대로 거슬러 올라간다. 미국에서 뚜렷한 원인도 없이 범죄 건수가 감소했는데 논자들은 그 원인에 대해 다양한 설을 내놓았다. 예를 들어 경찰관 수가 늘어났기 때문이라거나, 고령자 수가 증가했기 때문이라거나, 범죄를 엄벌에 처했기 때문이라거나, 총기 규제 때문이라는 의견이었다. 그러나 그 어느 것도 결정적인 원인이라고 말할 수는 없었다.

그러던 중 경제학자인 레빗과 데브너가 한 가설을 내놓았다. 1960년 후반부터 1970년에 이루어졌던 '낙태 합법화'로 부모가 원치 않는데도 태어나는 아이의 수가 줄어든 것이 그 원인이라는 것이다.

그때까지 미국에서 낙태는 사실상 금지되어 있었다. 따라서 생활력이 없는 젊은 부모에게서 태어나 충분한 사랑과 보살핌을 받지 못한 채 자란 아이가 많았기 때문에 그들 중 비행이나 범죄로 내몰리는 사람이 생겼다는 것이다.

낙태가 합법화되면서 원치 않게 태어나는 아이의 수가 감소하고 이에 따라 범죄가 줄어들었다는 가설이다.

이 가설에는 반발도 많다. 앞으로 더 깊은 조사와 논의가 필요할 것이다.

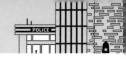

미국의 범죄 감소에 관한 가설

1990년대부터 범죄가 갑자기 대폭 감소했다.

경찰관 증원

고령자 인구
증가

엄벌화

총기 규제

 다양한 원인을 생각하던 차에 한 가설이 나왔다.

낙태 합법화와의 관련성

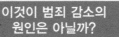 이것이 범죄 감소의
원인은 아닐까?

과거 미국에서는 낙태가 사
실상 금지되어 있었다.

1969년대 후반～1970년대
에 미국에서 낙태 합법화가
확산되었다.

부모가 원치 않는데도 태어
나는 아이의 수가 감소했다.

미국에서는 낙태율과 범죄율이 높은 상관 관계를 보여 주고 있는 등 이
가설을 지지하는 근거도 나오고 있다. 현재도 유력한 가설로서 논쟁의
대상이 되고 있다.

낙태 합법화로 범죄가 급격히 줄어들까?

15 범죄를 '저지르지 않게 하는' 요인은 무엇일까?

4개의 '유대감'이 범죄를 억제한다

지금까지 '사람은 왜 범죄를 저지를까?'라는 관점에서 생각해 봤는데, 허시는 이와 반대로 '사람은 왜 범죄를 저지르지 않을까?'라고 생각했다.

그는 그 원인이 4개의 유대감에 있다고 보고 이를 '사회 유대 이론'이라고 명명했다.

4개의 유대감 중 첫 번째는 '애착'이다. 이는 가족이나 학교, 친구에 대한 애착이 범죄를 억제한다는 것으로, 허시의 연구에서는 학교를 좋아하는 사람일수록 비행에 빠지지 않는다는 결과가 나왔다.

두 번째는 '투자'이다. 현재 생활을 유지하기 위해서 공부나 시간 등 많은 투자를 해 왔는데 만일 범죄를 저지르면 이것이 모두 물거품이 된다는 생각이다.

세 번째는 '참여'이다. 이를 간단히 말하면 '시간'이다. 스포츠든 공부든 바쁘게 사는 사람은 나쁜 짓을 할 만큼 한가하지 않다. 어른은 일로 바쁠 것이다. 무직인 사람이 범죄를 저지르는 경우가 많은 것도 한가하기 때문이다.

마지막은 '신념'이다. 우리가 생활하고 있는 사회에는 법률이나 규칙 등이 있기 때문에 안전하고 질서 있는 생활이 보장된다. 자신은 사회의 일원이며 규범을 존중하고 지켜야 한다는 의식이 범죄의 억제로 이어지는 것이다.

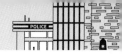

사회 유대 이론

사람이 범죄를 저지르지 않는 이유는 4개의 유대감에 따라 통제되기 때문이다.

1. 애착

부모나 학교, 친
구에 대한 애착

2. 투자

범죄를 저지르
면 지금까지의
투자가 물거품
이 된다는 생각

3. 참여

스포츠, 공부,
일 등으로 바빠
범죄를 저지를
여유가 없다.

4. 신념

사회의 규칙이나
법률을 준수하
려는 마음가짐

학교에 대한 애착과 비행의 관계

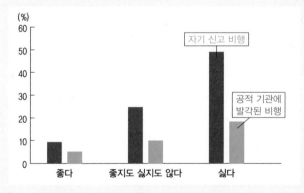

학교가 좋은지
싫은지에 대한
질문의 응답과
비행 건수의 비율
(Hirschi, 1969)

이 조사 결과로 학교를 좋아하는 소년은 비행이 적고 학교를 싫어하는
소년은 비행이 많다는 것을 알 수 있다.

범죄를 '저지르지 않게 하는' 요인은 무엇일까?

16 범죄를 저지르기 쉬운 상황에 놓이면 범죄를 저지르게 된다?

'범죄기회론'이란, 범죄자가 아닌 환경이나 상황을 바꿈으로써 범죄를 미연에 예방하려고 하는 개념을 말한다.

예를 들어 범죄 의도를 가진 사람이 있다고 가정할 때 경찰관이 근처를 순회하거나 감시 카메라가 설치되어 있다면 범행을 주저하게 만들 수 있다. 반대로 말하면 그런 장애 요인이 없는 곳은 범죄가 일어나기 쉬운 곳이라고 할 수 있다. 따라서 그러한 장소를 특정하여 범죄를 실행하기 어려운 환경으로 만듦으로써 범죄를 줄이려는 것이 '범죄기회론'의 기법이다.

종래의 범죄심리학에서는 범죄의 원인을 범죄자의 성격이나 성장 배경 등에 있다고 생각하여 이를 개선함으로써 범죄를 억제하려고 하는 '범죄원인론'(8쪽)이 주류였다. 그러나 성격이나 기호를 교정하는 것은 그리 간단한 일이 아니며 그런 사람을 만들어 낸 사회 배경까지 바꾸는 데는 시간과 비용이 많이 든다.

'범죄기회론'에서는 국지적인 환경이나 상황에 착안하여 이를 물리적으로 바꿈으로써 범죄 방지 효과를 기대할 수 있다. 즉, 범죄 예방적 측면에서 매우 효율적인 기법이라고 할 수 있다.

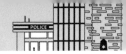

'범죄기회론'에서 생각하는 범죄 예방

범죄기회론의 개념

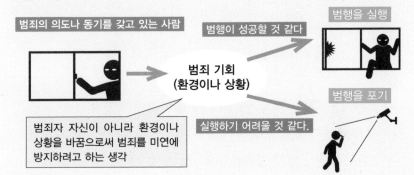

범죄의 의도나 동기를 갖고 있는 사람

범행이 성공할 것 같다

범행을 실행

범죄 기회
(환경이나 상황)

범죄자 자신이 아니라 환경이나 상황을 바꿈으로써 범죄를 미연에 방지하려고 하는 생각

실행하기 어려울 것 같다.

범행을 포기

범죄가 일어나기 쉬운 곳은 '들어가기 쉽고 잘 보이지 않는 장소'

들어가기 쉬운 곳
어디로든 들어가고,
도망칠 수 있다.

잘 보이지 않는 곳
범행을 목격하기 힘들고,
범죄가 발각되거나 신고당할
위험이 적다.

예를 들면 이런 장소
· 뒷골목이나 외진 길   · 사용하지 않는 집이나 건물
· 터널   · 공중 화장실
· 경비원이 없는 주차장이나 자전거 보관소
· 번화가나 쇼핑몰, 유원지 등 사람의 주의나 관심이
  분산되는 곳

범죄에 강한 3대 요소

영역성
감시성
저항성

① ② ③

① 영역성 범죄자의 힘이 미치지 않는 범위를 명확히 한다.
'영역성'에 의해 범죄자는 표적에 접근할 수 없다.

② 감시성 범죄자의 행동을 파악할 수 있다.
설사 대상 구역에 들어왔다고 하더라도 '감시성'에 의해
범죄자는 범행 시도를 멈춘다.

③ 저항성 범죄자가 가하는 힘을 물리치려고 하는 일
무리해서 범행에 이른 경우라도 '저항성'에 의해 범죄자는
목적을 달성할 수 없다.

범죄를 저지르기 쉬운 상황에 놓이면 범죄를 저지르게 된다?

17 범죄를 줄이기 위한 사회적 구조

범죄 예방 대책과 문제점

범죄를 줄이기 위해서는 사회적 제도나 구조를 바꿀 필요가 있다.

맨 먼저 들 수 있는 구체적인 예로는 '법적 규제'가 있다. 가장 유명한 것은 미국의 총기 규제일 것이다. 총기 소지에 대해서는 범죄의 억제로 이어진다는 의견도 있기 때문에 앞으로도 논의가 계속될 것이다.

그다음으로 중요한 것은 '범죄 예방 교육'이다. 특히 아이들을 대상으로 한 범죄에 대해서는 효과가 크다고 여겨지고 있다.

그리고 근래 주목을 받고 있는 기법으로 '지역 안전 맵'을 작성하는 것이 있다. 이는 사람이 아니라 장소에 주목해 범죄가 일어나기 쉬운 지역을 특정하고 공유하는 것이다. 현재 많은 초·중등학교에서 도입하여 효과를 보고 있다.

마지막은 '감시 카메라의 설치'이다. 현재 거리에는 수많은 감시 카메라가 설치되어 있다. 그 효과는 한계도 있지만 범죄 억제라는 관점에서는 효과적이다.

이상과 같이 다양한 노력이 이루어지고 있지만, 아이들의 범죄 예방 교육에 대해서는 문제점도 지적되고 있다. 바로 사람에 대한 불신감이나 필요 이상의 경계심을 느낀다는 점이다. 사람과의 관계도 구축하면서 범죄를 막는다는 균형 잡힌 범죄 예방 교육이 중요하다.

어떻게 하면 범죄를 줄일 수 있을까?

범죄로부터 사회를 지키기 위한 시책

법적 규제

법률에 따른 총기 소지의 규제,
성범죄자의 전자 감시 등

범죄 예방 교육

범죄를 당하지 않도록 하기 위한
교육

지역 안전 맵

범죄가 일어나기 쉬운 장소를
지도에 표시

감시 카메라

감시 카메라로 거리 등을 감시

범죄 예방 교육의 문제점

아이들이 필요 이상으로 어른에 대
한 불신감과 경계심을 품게 되는데
대부분의 어른은 아이에게 위해를
가하려고 생각하지 않는다.

저 사람도 나쁜
사람일지 몰라.

불신감

경계심

아이들에 대한 범죄를 막는다는 것이 결국 주위 어른과의 인간관계와
신뢰를 잃어버리게 하는 잘못된 교육이 되는 것에는 주의가 필요하다.

범인 검거에 효과가 큰 '초상화'

사건을 해결하고자 할 때는 목격자의 증언에 따라 범인의 초상화를 그린다. 형사 드라마에서 누구나 한 번쯤은 봤을 것이다. 초상화는 현재 수사에도 많이 사용된다.

범인 얼굴을 재현하는 데 사용하는 방법으로는 몽타주도 있다. 이것은 다양한 인물의 얼굴 부위를 조합하여 범인의 얼굴을 만들어 나가는 방법이다.

언뜻 보면 초상화보다 정밀한 이미지가 만들어질 것 같지만, 사실은 그렇지 않다. 가장 큰 이유는 얼굴을 재현하는 과정에서 후보가 되는 여러 사람의 리얼한 얼굴 이미지를 보게 되므로 본래 얼굴을 왜곡해서 기억하거나 잊어버리는 일이 생기기 때문이다.

실제로 1968년 도쿄 후추시에서 발생한 3억 엔 강도 사건의 경우, 공개된 범인의 몽타주 사진이 보는 사람에게 선입관을 심어 버려 도리어 수사를 방해했다는 지적이 있었다.

한편 초상화는 초상화 화가가 목격자에게 정보를 듣고 특징을 잘 포착하여 범인의 얼굴을 재현한다. 따라서 선입관 없이 범인과 닮은 이미지를 만들 수 있다.

제 **2** 장

사람이 사람을
죽이는 심리

18 '사람을 죽이는' 동기에는 어떤 것이 있을까?

살인 사건의 원리와 분류

일본은 살인 사건이 적은 나라이다. 해마다 다르기는 하지만 10만 명당 살인 발생률은 미국의 10분의 1 이하이다.

그렇다면 어떤 동기 때문에 살인이 일어나는 것일까? 현재 살인의 3대 동기로 일컬어지는 것은 '금전 문제', '연애 문제', '평소의 원한'이다. 그런데 근래에는 간병 피로 등에 따른 간병 살인이나 간병 동반 자살도 늘고 있다. 이들을 모두 포함하여 살인은 가족에 의한 살인이 가장 많다. 따라서 좋은 가족 관계가 살인을 미연에 막는 한 방법이라고 할 수 있을지도 모른다.

다음으로 살인 사건의 종류를 살펴보면 살인을 포함한 폭력 범죄는 크게 ① 계획적으로 제어되는 것과 ② 충동적이고 제어되지 않는 것으로 나눌 수 있다. 실제 건수로 살펴보면 대부분의 살인은 ②의 유형인 충동적인 것이다.

메가기와 본은 충동적인 유형의 살인을 다시 2가지로 분류했다. 하나는 스트레스나 욕구 불만을 그대로 폭력으로 바꿔버리는 '통제 결여형'과 다른 하나는 감정을 억누르고 있다가 어느 날 참는 데 한계가 와서 폭발시켜 버리는 '통제 과잉형'이다. 통제 과잉형 범인은 평소에는 얌전하고 모범적인 인물이기 때문에 범죄를 저지르리라고 생각하지 못하는 것이 특징이다.

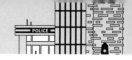

살인 사건의 특징

살인 사건의 3대 동기

금전 문제　연애 문제

평소의 원한

일본은 비교적 살인이 적은 나라

인구 10만 명당
살인 발생률(2017년)

미국	5.3명
프랑스	1.3명
영국	1.2명
독일	1.0명
일본	0.2명

(2020년판 『범죄 백서』에서 발췌)

사람은 누구에게 살해되는가?

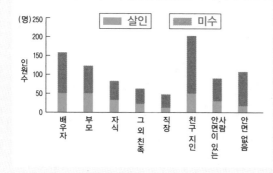

(명)　살인　미수
250
200
150
인원수 100
50
0
배우자　부모　자식　그 외 친족　직장　친구 지인　안면이 있는 사람　안면 없음

2017년 형사범에 관한 통계 자료
(일본 경찰청)에서 발췌

살인 및 살인 미수 사건의
관계별 인원수(관계는 피의
자가 본 피해자의 속성). 반
이상이 가족에게 살해되었
다는 것을 알 수 있다.

살인·폭력 사건의 분류

계획적이고 통제되어 있는 것	충동적이고 통제되어 있지 않은 것
통제 결여형	**통제 과잉형**
스트레스나 욕구 불만을 통제하지 못해 폭력으로 이어진다.	감정을 억누르고 있다가 한 번에 폭력으로 폭발한다.

'사람을 죽이는' 동기에는 어떤 것이 있을까?

19 연쇄 살인의 범죄 현장을 보면 범인상을 알 수 있다

질서형 살인과 무질서형 살인

연쇄 살인이란, 한 명(드물게 두 명)의 범인이 연속해서 많은 피해자를 살해하는 범죄를 말한다. 최초의 살인부터 다음 살인까지의 기간을 '냉각 기간'이라고 한다.

일반적인 살인 사건은 가해자와 피해자 사이에 금전 트러블이나 가족 간 문제가 있기 때문에 범인을 찾기 쉽다. 그러나 연쇄 살인의 경우는 그냥 스쳐 지나가는 사람을 습격하는 경우가 많기 때문에 수사하기가 힘들다.

이러한 수사를 돕기 위해 1970년대에 FBI(미연방수사국)가 연쇄 살인범의 특징을 연구했다. 그 결과, 연쇄 살인에는 크게 '질서형'과 '무질서형'이라는 2개의 유형이 있다는 것을 알게 되었다.

질서형은 계획적으로 일어나는 범행으로, 사전에 흉기나 범행 도구를 마련해 둔다. 범행 현장에서 흉기나 사체, 증거 등을 가지고 가므로 현장이 어느 정도 정리되어 있다는 것이 특징이다.

한편 무질서형은 우발적인 범행으로, 흉기도 현장에서 조달한 것을 사용한다. 또 현장이 어질러져 있고 사체나 증거가 될 만한 것도 남아 있다. 즉, 범행 현장을 보면 범인의 유형을 어느 정도 특정할 수 있다는 것이다.

그런데 그 후의 연구에 따르면, 양쪽의 특성을 모두 갖고 있는 혼합형도 있다고 한다.

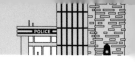

연쇄 살인의 정의와 분류

연쇄 살인이란?

한 명(드물게 두 명)의 범인이 연속해서 많은 피해자를 살해하는 유형의 범죄. 범행과 범행 사이의 기간을 '냉각 기간'이라고 한다.

살인	
⬇	냉각 기간
살인	
⬇	냉각 기간
살인	

일반적인 살인 사건과 달리, 피해자가 스쳐 지나가는 사람인 경우가 많다. 조사가 어려워지기 쉽다.

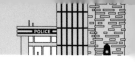

연쇄 살인의 분류

연쇄 살인은 특징에 따라 2가지 유형으로 분류한다. 따라서 범행 현장을 보면 범인상을 추정할 수 있다.

질서형	무질서형
• 계획적 범행(흉기나 범행 도구를 사전에 준비) • 대화는 신중하게 한다. • 사체나 증거를 현장에서 가지고 간다. • 현장이 정리되어 있다. • 범인은 지능이 높고 사회적 능력이 높다.	• 우발적 범행(흉기는 현장에서 조달한 것을 사용) • 대화를 하지 않는다. • 사체나 증거를 현장에 남긴다. • 현장이 어질러져 있다. • 범인은 지능이 평균 정도이거나 그 이하이며 사회적 능력이 낮다.

(Ressler et al., 1988에서 발췌)

어느 카테고리에도 해당하지 않는 범죄(혼합형)도 있다.

연쇄 살인의 범죄 현장을 보면 범인상을 알 수 있다

20 망상으로 연쇄 살인에 이르는 '환각형'

망상으로 살인을 저지르는 환각형

FBI가 범행 현장의 상황을 바탕으로 분류한 반면, 홈즈는 동기적인 측면을 포함하여 연쇄 살인 사건을 4가지로 분류했다.

첫 번째 유형은 '환각형'이다. 이는 망상성 정신 질환으로 야기되는 유형의 연쇄 살인으로, 범인은 '다른 사람이 자신을 노리고 있다'라는 피해망상에 사로잡혀 있다. 또 '세상을 구하기 위해 사람을 죽여야 한다'라는 지령적인 망상의 경우도 있으며 실제로 그런 목소리가 들린다는 경우도 있다.

이 유형의 범인은 정신 질환이 진행되어 있기 때문에 범행 현장은 무질서형이 되기 쉽다. 또한 잡히지 않으려고 적극적으로 책략을 세우는 것도 아니라는 점에서 비교적 조기에 검거된다.

그런데 이 유형의 살인범을 이야기할 때는 정신 질환을 갖고 있다고 해서 모두가 연쇄 살인을 일으키기 쉽다는 것은 아니라는 점에 주의해야 한다.

미국에서는 6명을 살해한 '리처드 체이스 사건', 일본에서는 연쇄 살인은 아니었지만 '수술 시 자신의 몸에 가위와 같은 수술 기구를 넣고 봉합했다'는 망상에 사로잡혀 의사를 살해한 '아오모노요코초 의사 살해 사건' 등과 같은 사례가 있다.

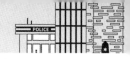

환각형 연쇄 살인의 특징과 사례

환각형의 특징

망상성 정신 질환으로 발생하는 연쇄 살인

'누군가가 자신을 죽이려 한다', '주위 사람들이 내 욕을 한다'와 같은 망상이 생긴다.

'세상을 구하기 위해 사람을 죽여야 한다'와 같은 지령적인 망상도 있다.

'무질서형' 행동을 한다.

정신 질환을 갖고 있다고 해서 연쇄 살인을 일으키기 쉽다는 것은 아니다.

환각형 연쇄 살인 사례

리처드 체이스 사건

발생 시기	1977년 12월 ~ 1978년 1월
살해 인원	6명
동기	자신의 피를 모래로 만들지 않기 위해서는 다른 사람을 죽여 그 피를 마실 수밖에 없다는 망상에 사로잡힘.
개요	리처드 체이스는 1977년 12월에 전기 기사를 사살. 그다음 달에는 근처에 사는 임산부를 살해하고 사체를 절단한 후 그녀의 피를 마셨다. 불과 한 달 사이에 6명을 살해했는데 목격 정보에 따라 범인이라는 것이 밝혀져 검거되었다. 수감 후 교도소 안에서 자살했다.

21 편향된 신념을 바탕으로 살해를 반복하는 '사명형'

특정 범주의 사람을 노리는 사명형

두 번째 유형은 '사명형'이다. 이 유형은 편향된 신념을 가지고 살인을 저지르는 것으로, '세상을 나쁘게 만드는 것은 특정 인종이다', '매춘부가 미국을 타락시키고 있다', '낙태를 시술하는 의사가 있으므로 성도덕이 문란해진다' 등과 같은 생각을 가지고 해당 범주에 속하는 사람을 살해한다.

이들의 특징은 해당 인물을 살해함으로써 세상이 좋아진다고 믿고 있다는 점이다. 자신의 정의감에 따라 범행을 저지르므로 죄책감을 가지지 않는다.

살해에는 총과 같이 강력하고 사람을 빠르고 확실하게 살해할 수 있는 흉기를 사용하며 계획도 냉정하게 이루어진다. 살해 후에는 도주하여 범행을 계속하는데 그 이유는 보다 좋은 사회를 만들기 위해서는 그 행동을 계속할 필요가 있다고 생각하기 때문이다.

이 유형 범죄자의 예로는 마약 중독자를 골라 살해한 '마누엘 파라드'나 백인지상주의에 치우쳐 흑인과 유대인을 계속 살해한 '조셉 폴 프랭클린'을 들 수 있다. 이외에 '산업화 사회가 사람들로부터 인간다움을 빼앗고 있기 때문에 이를 붕괴시켜야 한다'는 사명감으로 항공 회사 등에 폭탄을 설치한 '시어도어 카진스키' 등도 있다.

사명형 연쇄 살인의 특징과 사례

사명형의 특징

편향된 신념에 따라 특정 범주의 사람을 노리는 연쇄 살인

'특정 인종', '마약 중독자', '낙태 시술을 하는 의사' 등 특정 인물을 노린다.

목표로 한 사람들을 살해함으로써 세상이 좋아진다고 믿고 있다.

살해는 계획적으로 이루어진다.

고문이나 학대를 하는 경우는 기본적으로 없다. 총과 같이 빠르게 살해할 수 있는 흉기를 사용하는 경우가 많다.

사명형 연쇄 살인의 사례

마누엘 파라드 사건

발생 시기	1986년 1월 ~ 1986년 4월
살해 인원	9명
동기	마약 중독자를 처형하고 치안을 회복하려고 생각했다.
개요	마누엘 파라드는 정의감에 넘치는 경찰관이었다. 마을에 있는 마약 중독자가 치안을 악화시키고 있다고 생각해 마약 중독자 9명을 살해했다. 마지막까지 자신의 행위를 반성하지 않고 '자신은 마약 전쟁에 병사로서 대처했을 뿐'이라고 주장했다.

22 성욕을 채우기 위해 잔인하게 죽이는 '쾌락형'

성욕과 연결된 살인 형태

세 번째는 '쾌락형'이다. 속칭 '쾌락 살인'이라고 하는 것이 이 유형으로, 자신의 성욕이 살인으로 연결되어 스스로의 성욕을 만족시키기 위해 범죄를 저지르는 것이다.

환각형이나 사명형과 달리, 살인 자체를 즐기기 때문에 강간이나 고문을 동반한 잔인한 방법을 취하는 경우가 많다.

범인의 대부분이 남자로, 자신의 성적 대상을 살해한다. 즉, 피해자가 여자이면 '이성애자', 남자이면 '동성애자'라고 생각할 수 있다. 이와 같은 이유로 피해자의 용모나 나이, 머리 모양 등에 공통점이 보이는 경우도 있다.

살인과 성욕이 연결되는 이유에 대해서는 잘 알려져 있지 않지만, 사디즘과 같은 페티시즘이 극단적으로 흘러 일어난다고도 알려져 있다. 또 이 유형의 살인자에게는 어린 시절 학대받은 경험이 있거나 유아기 때부터 문제 행동을 빈번히 일으키거나 다른 사람에 대한 공감 능력에 장애가 있다는 특징이 있어서 어른이 되는 과정에서 다양한 요인이 겹쳐 이러한 범죄자가 되었다고도 한다.

대표적인 예로는 미국에서 33명의 소년을 살해한 '존 웨인 게이시'나 일본에서 어린 소녀만 4명을 살해한 '미야자키 쓰토무' 등을 들 수 있다.

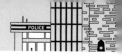

쾌락형 연쇄 살인의 특징과 사례

쾌락형의 특징

성욕이 살인 등과 연결되어 이를 만족시키기 위해 이루어지는 범행

범인은 대부분이 남자이다. 자신의 성
적 대상이 되는 인물을 살해한다.

고문이나 강간과 같은 행위를 동반하
며 살인 자체를 즐기는 듯한 사례가
많다.

'질서형' 행동을 보인다.

어린 시절 받은 학대나 폭력적인 포르노를 좋아하는 등 다양한 요인이
겹쳐 이러한 살인자가 만들어졌다고 한다.

쾌락형 연쇄 살인의 사례

존 웨인 게이시 사건

발생 시기	1972 ~ 1978년
살해 인원	33명
동기	소년에 대한 자신의 성적 욕구를 충족시키기 위해
개요	존 웨인 게이시는 우수한 사업가였지만, 그 한편으로 소년을 집에 불러들여 동성애 행위를 한 뒤 살해하는 것을 반복했다. 살해한 사체는 자신의 집 마룻바닥에 묻었다. 행동을 수상하게 여긴 경찰에게 체포되어 사형당했다.

성욕을 채우기 위해 잔인하게 죽이는 '쾌락형'

23 지배와 우월감을 즐기는 '파워 컨트롤형'

상대를 공포로 지배한다

네 번째는 '파워 컨트롤형'이다. 이 유형의 범인은 타인의 모든 것을 지배하여 우월감을 얻으려고 한다. 다른 사람을 지배하거나 통제하고자 하는 목적 때문에 생명을 빼앗는 것이다.

살해 유형은 질서형으로 사전에 계획을 세워 범행을 저지른다. 또 살해 전에는 피해자를 구속, 감금하고, 강간, 폭행, 고문 등을 행한다. 즉, 살해라는 결과보다는 그 과정을 중시한다.

이 파워 컨트롤형의 근원이 되는 것은 성욕이라고 여겨지는데, 힘과 지배라는 감각과 성욕이 연결되어 있다고도 할 수 있다. 따라서 쾌락형 (52쪽)의 변형이라고도 생각할 수 있다.

미국에서 일어난 '테드 번디 사건'이 이 유형의 전형적인 예인데, 일본에서 일어난 '자살 사이트 연쇄 살인 사건'도 이 유형으로 분류한다. 이 사건의 범인은 자살 사이트의 게시판을 이용해 자살 지원자를 모으고 목을 졸라 살해했다. 범인은 피해자가 질식하여 발버둥치면서 고통스러워하는 것을 보고 흥분을 느끼는 유형이었다. 그는 질식시켰다가 소생시키는 일을 반복하고 그 모습을 녹화까지 했다고 한다. 질식은 성적인 쾌락으로 강하게 이어진다고 하는데 이 사건 외에 사고에 따른 사망의 예도 많다.

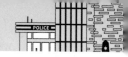

파워 컨트롤형 연쇄 살인의 특징과 사례

파워 컨트롤형의 특징

상대를 지배하여 우월감을 느끼기 위해 행하는 살인

피해자의 모든 것(목숨까지)을 자신이
생각한 대로 컨트롤하고 싶다는 욕구
가 있다.

위압적인 힘으로 상대를 공포로 지배
하고 그대로 살해한다.

'질서형'의 행동을 취한다.

파워 컨트롤의 근원이 되는 것은 성욕이라고 여겨지므로 쾌락형의 한
변형이라고도 할 수 있다.

파워 컨트롤형 연쇄 살인의 사례

테드 번디 사건

발생 시기	1974 ~ 1978년
살해 인원	30명 이상
동기	여성에 대한 폭행과 살인 자체에 대한 쾌락
개요	테드 번디는 30명 이상의 여성을 살해한 '세계적으로 가장 유명한' 연쇄 살인범이다. 고학력의 핸섬한 외모로 겉으로 보기에는 살인범으로 보이지 않았다. 도망과 이주를 반복하며 워싱턴, 유타, 플로리다에서 범행을 계속 저질렀다. 1978년에 체포되어 1989년에 사형이 집행되었다.

24 보험금 살인이 대표적인 '검은 미망인형'

재산을 노린 교묘한 범행

여성이 저지르는 연쇄 살인은 남성의 연쇄 살인과 달리, 경제적인 이유로 살인을 저지르는 경우가 많다. 대표적인 예로 '검은 미망인형'을 들 수 있다.

그들은 결혼 또는 교제 관계에 있는 남성을 살해하고 그 재산이나 보험금을 손에 넣는다. 예전에는 자산가 남자를 찾아 관계를 갖던 도중에 살해하는 패턴이 많았지만, 보험 제도가 보급되면서 상대가 자산가가 아니더라도 고액의 보험금을 노리고 살해함으로써 큰돈을 손에 넣을 수 있게 되었다. 또 최근에는 결혼 소개 사이트나 매칭 앱 등을 이용하여 대상을 찾는 수법도 행하고 있다.

살해 방법은 독살이나 연탄을 사용하는 경우가 많으며 사고나 자살로 보이게 하기 때문에 밝혀내기 어렵다는 특징이 있다.

이 유형의 범인은 연기력이 좋은 경우가 많고 상대를 속이거나 범행을 의심받은 경우에는 거짓말을 해서 발뺌한다.

이 유형의 대표적인 범인으로는 오스트리아에서 남편과 딸을 살해하고 보험금을 손에 넣은 '마사 말렉'이 있다. 일본에서는 자산가 남성을 10명 이상 살해한 '가케히 치사코'나 밝혀진 것만으로도 3명을 살해한 '기시마 가나에' 등을 들 수 있다.

검은 미망인형 연쇄 살인의 특징과 사례

검은 미망인형의 특징

재산을 노리고 돈을 손에 넣기 위해 행하는 살인

자산가와 결혼하여 남편을 살해하고 재산을 뺏는 경우가 많다.

자산가가 아니더라도 고액의 보험금을 걸어 놓고 살해하는 경우도 있다.

독살, 연탄 등을 이용한 자살 위장 등이 많다.

근래에는 매칭 앱 등으로 알게 된 남성을 대상으로 하는 패턴이 늘어나고 있다.

검은 미망인형 연쇄 살인의 사례

기시마 가나에 사건

발생 시기	2007~2009년
살해 인원	3명(그 외에도 여러 명 더 있을 가능성이 있다.)
동기	남성이 소유하고 있는 자산
개요	기시마 가나에는 교제하던 남성으로부터 결혼을 위장한 사기로 고액의 돈을 받은 후 살해하는 범행을 반복했다. 주로 연탄을 이용한 자살로 위장했다. 체포 후 범행을 전면 부인했지만, 재판에서 사형이 확정되었다.

25 환자의 병을 갖고 노는 '죽음의 천사형'

병원이 무대가 되는 연쇄 살인

여성이 저지른 연쇄 살인의 또 다른 유형은 '죽음의 천사형'이다. 이 유형의 범인은 '간호사'이다.

자신이 근무하는 병원에서 환자에게 증상을 악화시키는 약을 먹이거나 주사하여 살해한다. 이 유형의 특징으로는 피해자의 병세가 악화될 때 범인은 응급처치나 헌신적인 간호를 하는 척한다는 것이다. 그렇기 때문에 범인이라고 의심받는 일이 적다.

범행의 동기는 몇 가지를 생각할 수 있지만, 가장 먼저 들 수 있는 것은 '자기 과시욕'이다. 병원 안에서 자신의 높은 능력을 주변 사람들에게 보여 주기 위해 범행을 저지른다는 것이다.

그다음으로 생각할 수 있는 것은 자신이 환자의 생사를 어느 정도 통제할 수 있다는 파워의 확인이다. 또 환자나 그 가족이 괴로워하는 모습을 보고 스트레스를 푸는 패턴도 있다.

두 경우 모두 문제가 되는 것은 범인이 '여성'이라는 것보다 '간호사'라는 점이다. 여자 범인이 많은 이유는 간호사라는 직업에 종사하는 사람 중에 여자가 많기 때문이다.

이 유형의 범죄자로는 미국에서 50명 이상의 아이를 살해한 '지닌 존스'가 유명하다.

죽음의 천사형 연쇄 살인의 특징과 사례

죽음의 천사형의 특징

범인은 간호사이다. 자신의 존재 의의를 확인하기 위해 살인을 저지른다.

간호사가 자신이 근무하는 병원에서 약물 등을 사용하여 환자를 살해한다.

증상이 악화된 환자를 대상으로 헌신적인 구명 활동을 하기 때문에 밝혀내기 어렵다.

우수한 간호사로 평가받는 경우가 많다.

자신이 사람의 생명을 좌우할 수 있다는 것을 확인하거나 다른 사람에게 칭찬받고 싶다는 동기를 생각할 수 있다.

죽음의 천사형 연쇄 살인의 사례

지닌 존스 사건

발생 시기	1981(그 이전일 가능성도 있다)~1982년
살해 인원	60명 이상
동기	병세가 급변한 아이에게 적절한 치료를 하여 생명을 구하는 행위를 하고 싶었다.
개요	지닌 존스가 근무하던 병원에서 20명의 아이들이 차례로 사망했다. 그녀가 다른 병원으로 옮겨가자 그 병원에서도 똑같은 사건이 일어났다. 그 후 그가 예방 주사에 근육 이완제를 넣어 아이들을 살해했다는 것이 밝혀져 검거되었다. 그가 살해한 아이들은 60명 이상이라고 알려져 있다.

26 형사 드라마에 나오는 '프로파일링'이란 어떤 것일까?

현장 상황을 보고 범인의 속성을 추측한다

프로파일링은 범행 현장의 상황이나 현장에서의 범인의 행동을 가지고 범인의 연령, 직업, 정신 질환 유무 등을 추정하는 기술이다.

1888년 런던에서 일어난 '잭 더 리퍼' 사건과 관련하여 토머스 본드 의사가 범인상을 추측한 것이 최초라고 알려져 있다. 그 후에도 프로파일링적인 범인의 추정이 이루어졌지만, 보다 본격적으로 이루어진 것은 1970년대에 FBI가 연쇄 살인 사건의 수사를 위해 개발한 기법에 의해서이다.

FBI는 프로파일링 기법을 개발함에 있어서 교도소에 수감되어 있던 연쇄 살인범과 성폭행 살인범 36명의 데이터를 분석했다. 그 결과, 범인의 유형을 크게 2가지로 분류할 수 있다는 것을 알게 되었다. 바로 '질서형'과 '무질서형'이다(46쪽).

이 분류로 범행의 형태나 현장의 상황뿐만 아니라 범인의 속성도 알게 되었다. 질서형 범인은 지적 수준이 높고 직장을 갖고 있으며 배우자가 있는 사람이 많은 반면, 무질서형 범인은 지적 수준이 낮고 무직이며 독신이라는 특징이 있었다.

연쇄 살인 사건으로부터 시작된 프로파일링 기법은 현재 성범죄, 방화, 테러리즘 등 다양한 범죄 수사에 응용되고 있다.

프로파일링의 시작과 정의

프로파일링의 역사

1888년

런던에서 발생한 '잭 더 리퍼' 사건과 관련하여 의사인 토머스 본드가 범인상을 추측해 런던 경시청에 편지를 보낸다. 미해결 사건이므로 적중했는지 아닌지는 불분명하다.

1940~1950년대

뉴욕에서 발생한 연쇄 폭탄 사건과 관련하여 정신과 의사인 제임스 브뤼셀 박사가 범인상을 추정했다. 체포된 범인은 많은 부분에서 추정과 일치했다.

1970년대

미국연방수사국(FBI)에서 연쇄 살인 사건의 범인을 추정하기 위해 본격적인 프로파일링이 이루어졌다.

프로파일링의 정의

범행의 분석을 바탕으로 피의자의 성격이나 행동 특성을 특정하는 기법

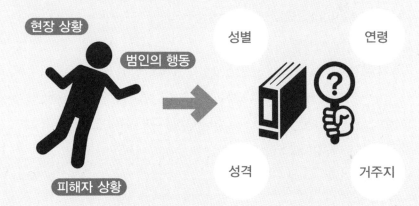

현장 상황 등의 데이터로부터 범인이 어떤 인물인지 추정한다.

수사 드라마에 나오는 '프로파일링'이란 어떤 것일까?

27 일본 과학수사연구소도 채택한 최신 프로파일링 기법

통계 기법을 사용한 리버풀 방식

리버풀 방식 프로파일링은 FBI의 프로파일링과 달리, 고도의 통계 기법을 사용하여 범인의 행동을 분석하는 것이다.

이는 영국 리버풀 대학의 캔터 교수가 개발했다. 이 기법에서는 먼저 수많은 범행 현장의 특징을 바탕으로 데이터베이스를 작성한다. 예를 들어 살인 사건이라면 '사체를 토막 낸다', '피해자에게 재갈을 물린다' 등이다. 그리고 이런 항목이 동시에 일어나기 쉬운지 아닌지를 계산한다. 그리고 동시에 일어나기 쉬운 행동은 가깝게, 동시에 일어나기 어려운 행동은 멀게 해서 2차원 공간상에 매핑하는 것이다.

이렇게 동시에 취하기 쉬운 행동들을 가까이에 배치한 후 동일 범인이 취한 행동을 체크하면 그 범위가 대략 좁혀진다. 그러면 여러 사건의 범인이 동일인인지 아닌지를 추측할 수 있다.

또한 살해 상황뿐만 아니라 '범인은 20대이다', '범인은 무직이다'와 같은 정보를 매핑하면 범인의 속성을 추정하는 일도 가능하다.

이 기법은 세계의 표준 프로파일링 기법이 되고 있으며 일본 과학수사연구소(과수연) 등이 이 방법을 사용하고 있다.

리버풀 방식 프로파일링

리버풀 방식 프로파일링이란?

현재 세계 표준으로 사용하는 프로파일링 기법

영국의 심리학자 데이비드 캔터가 개발한
프로파일링 방법론

고도의 통계 기법을 사용하여 범인의 행동
을 분석한다.

일본 과학수사연구소에서도 사용하고 있다.

이를 사용하면 FBI 방식에 비해 매우 유연하고
다양한 기법을 개발할 수 있다.

리버풀 방식에 따른 연쇄 살인 프로파일링의 예

연쇄 살인범을 대상으로 현장에서 동시에 일어나기 쉬운 행동은 가깝게, 동시에
일어나기 어려운 행동은 멀게 매핑한다.
범인의 행동을 이 맵상에서 체크하면 동일범인지 아닌지를 알 수 있다.

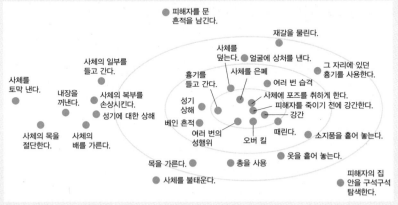

범인의 속성 등도 이 기법으로 프로파일링할 수 있다.

28 범인의 거주지 등을 추정하는 지리적 프로파일링

범인의 거점과 범행 현장의 관계성

프로파일링은 범행을 저지른 인물을 특정할 뿐만 아니라 그 거주지(거점)나 다음 범행 장소를 추정할 때도 사용할 수 있다. 이를 '지리적 프로파일링'이라도 한다. 프로파일링도 리버풀 방식과 마찬가지로 캔터 교수가 개발했다.

이 방법의 기본적인 개념은 연속된 범죄의 범행 지점을 잇는 가장 긴 선을 지름으로 한 원을 그렸을 때 범인의 거점은 그 안에 존재한다는 것이다. 이를 '원 가설'이라고 한다. 연쇄 방화 사건에 관해서는 약 70%가 이 가설에 들어맞는다고 한다.

이 가설의 문제점은 탐색해야 할 지점이 너무 넓어진다는 것이다. 따라서 범인의 거점을 추정하는 것이 중요하다. 이때 사용하는 것이 그 원의 중심에 범인의 거점이 있다고 하는 원심 가설, 범행 지점의 편향을 고려한 무게중심 가설 등이다. 또 범인은 자신의 거점 주변에서는 사건을 일으키지 않는다고 한다. 이 영역을 '버퍼존'이라고 한다. 즉, 범행은 원 가설의 범위 안 중 버퍼 존에 포함되지 않는 도넛 모양의 영역안에서 일어난다는 것이다.

지리적 프로파일링은 범인의 거점 특정과 더불어 다음 범행 지점을 예측할 때도 사용한다.

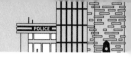

지리적 프로파일링 방법

지리적 프로파일링

연속된 범죄의 지리적 정보를 바탕으로 한 프로파일링

리버풀 방식과 마찬가지로 영국의 데이비드 캔터가 개발했다.

가장 멀리 떨어진 두 범행 지점을 이어서 그린 원 안에 범인의 거점이 있다는 가설

절도·방화·성범죄 등에 많이 사용한다.

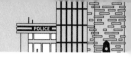

범인의 거점을 특정하는 데 그치지 않고 다음 범행 지점을 예측하고 신고로 이어지는 경우에도 도움이 된다.

지리적 프로파일링의 예

원 안의 중심 부근에 범인의 거점이 있다는 가설(원심가설), 범행 현장의 무게중심 부근에 범인의 거점이 있다는 가설(무게중심 가설) 등이 있다.

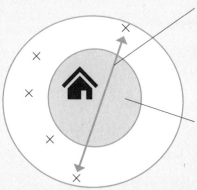

범행이 있었던 가장 먼 두 지점을 잇는 원을 그린다. 범인의 거점은 이 안에 있다고 한다.

범인은 활동 거점 부근에서 범행을 저지르지 않는다. 이 부분을 '버퍼존'이라고 한다.

현재는 더욱 초점을 좁혀 거점을 특정하는 기법도 연구되어 있다.

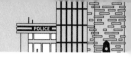

범인의 거주지 등을 추정하는 지리적 프로파일링

29 대량 살인은 왜 일어날까?

동기와 속성에 따른 대량 살인의 분류

대량 살인은 한 명의 범인이 한 장소에서 동시에 다수의 사람을 살해하는 유형의 살인을 말한다. FBI의 경우, 한 번에 4명 이상을 죽이는 것으로 정의하고 있지만, 일본에서는 2명에서 3명 이상을 살해했을 때 사용하는 경우가 많다.

폭스와 레빈은 대량 살인 사건을 동기에 따라 분류했다.

첫 번째는 원한을 갖고 있는 개인이나 집단을 노린 '복수형', 두 번째는 자신의 힘을 과시하는 '파워형', 세 번째는 가족 동반 자살 등을 행하는 '애착형', 네 번째는 강도 상해에 따른 '이익형', 마지막은 살해를 통해 정치적, 종교적 메시지를 전달하는 '테러형'이다.

일본에서는 대량 살인 사건을 범인의 행동과 속성에 주목하여 3가지 패턴으로 분류하고 있다.

첫 번째는 공공장소에서 일면식도 없는 사람을 무차별적으로 공격하는 '무차별 대량 살상형'이고, 두 번째는 가족 등 안면이 있는 사람을 살상하고 최후에는 자살하는 패턴인 '가족 동반 자살형', 세 번째는 강도짓을 할 때 그곳에 있던 사람을 살상하는 '흉악 범죄형'이다.

흉악 범죄형은 공범자가 있는 경우가 많으며 폭력 단체의 패싸움에 따른 것이나 보험금을 타기 위해 건물에 불을 지르는 것 등 행동과 목적이 다양하다.

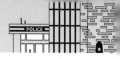

대량 살인이란?

한 명의 범인(드물게 여러 명)이 한 장소에서 동시에 여러 사람을 죽이는 유형의 살인

동기에 따른 분류

복수형	원한을 갖고 있는 개인이나 집단을 대상으로 한다.
파워형	자신의 힘을 과시하는 것을 목적으로 한다.
애착형	가족 동반 자살형의 동기
이익형	강도에 따른 살상 사건
테러형	정치적·종교적 메시지를 위한 수단

(Fox & Levin, 2003에서 발췌)

범인의 행동과 속성에 따른 분류

무차별 대량 살상형	범인은 대낮에 칼을 사용하여 자신과 일면식도 없는 사람을 무차별로 살상한다. 회사에서 명예 퇴직을 당하거나 사직 등이 계기인 경우가 있다.
가족 동반 자살형	범인은 야간에서 오전에 걸쳐 자신과 안면이 있는 사람(가족)을 살상한다. 범행은 충동적이다. 대부분 사건 당일에 현장 부근에서 잡힌다. 자살할 가능성도 있다.
흉악 범죄형	범인은 저녁부터 자정까지의 시간대에 공범과 함께 피해자를 살상한다. 사건은 계획적이며 범인은 도주 준비를 미리 하고 있고 증거도 은폐한다.

(Ochi·Kido, 2011에서 발췌)

30 무차별 대량 살인의 공통점은?

좌절이나 절망이 계기가 된다

대량 살인 중에서도 '무차별 대량 살인'은 동기를 이해하기 힘들며 사회적으로도 큰 불안을 일으키기 쉽다. 하지만 그 내용을 분석해 보면 어떤 공통된 패턴이 있다는 것을 알 수 있다.

먼저 범인은 생활이 잘 풀리지 않고 좌절이나 절망감을 품고 있다. 그리고 그 원인은 자신에게 있는 것이 아니라 다른 누군가에게 있다고 생각한다. 이는 개인뿐만 아니라 그 인물이 속한 사회나 집단으로 향한다.

범인은 자신이 살 가치가 없다고 생각한다. 자살도 생각하고 있을 수 있다. 그런데 그 원인을 만든 상대를 가능한 한 많이 죽인 후에 죽겠다는 생각에 이르게 된다.

목적은 상대를 가능한 한 많이 살해하는 것이므로 효율적으로 살해할 수 있는 무기 등을 입수한다. 그리고 자신의 외침이 세상에 널리 퍼지도록 범행 성명서나 유서, 일기 등으로 자신의 행동을 정당화하는 메시지를 남긴다.

범인의 최종 목적은 자신도 죽는 것이므로 범행 후에는 자살을 꾀하거나 체포되는 경우에도 사형을 원한다. 자신이 누구인지를 감추지도 않고 도주도 생각하지 않는다.

무차별 대량 살인은 이런 경위로 일어나는 경우가 많다.

무차별 대량 살인의 공통점과 사건 예

무차별 대량 살인의 공통점

좌절이나 절망에 빠져 다른 사람이나 집단을 미워한다.

자신은 살 가치가 없으므로 자살하고 싶다고 생각한다.

적을 가능한 한 많이 살해한 후 자신도 죽으려고 생각한다.

살상을 효율적으로 실행하기 위한 계획을 짠다.

자신의 행동을 합리화하기 위한 메시지를 마련한다.

사랑하는 가족이나 반려 동물을 죽인 후 범행에 임하는 경우도 있다.

최종적으로는 자살을 하거나 사형을 바란다.

범행 시 자신이 누구인지 숨기지 않는다.

무차별 대량 살인 사건의 예

버지니아 공대 총기 난사 사건	2007년 버지니아 공과 대학에서 재학 중이던 한국인 조승희가 총을 난사하여 교원 5명을 포함 32명이 살해당했다. 범인은 총으로 자살했다.
패트릭 패디 사건	1989년 캘리포니아주 초등학교에서 패트릭 패디가 총을 난사하여 아동 5명을 살해하고 39명에게 중상을 입혔다. 범인은 총을 사용하여 자살했다.
시모노세키 대량 살상 사건	1999년 9월 우와베 야스아키가 차로 JR 시모노세키역에 돌진하여 2명을 사망하게 한 후 식칼로 역내에 있던 사람을 찔러 3명을 살해했다. 범인은 체포 후 사형에 처해졌다.
쓰야마 30명 살해 사건	1938년 5월 도이 무쓰오가 오카야마현의 마을에서 총과 칼 등으로 마을 사람을 습격하여 30명을 살해했다. 범인은 범행 후 자살했다.

31 테러리즘의 목적은?

테러리즘의 종류

테러리즘이란, '일반 대중의 공포심을 불러일으킴으로써 특정 정치적 목적을 달성하기 위한 수단으로 정의되는 폭력 행위'를 말한다. 구체적인 수단으로는 폭파나 총기 난사, 대량 살인, 요인 암살, 유괴·협박, 인질극, 비행기 납치와 같은 형태를 취하는 경우가 많으며 개인적인 스트레스나 불만의 표출보다는 어떤 사회적 대의가 동기로 존재하는 것이 특징이다.

테러의 목적은 크게 '정치 테러리즘'과 '종교 테러리즘'으로 분류할 수 있다. '정치 테러리즘'은 정치 사상을 배경으로 자행되는 테러로, 좌익 집단의 테러와 우익 집단의 테러가 있다. '종교 테러리즘'은 종교적인 가치관의 차이나 민족 간의 대립 등이 원인이 되어 실행되는 테러로, 2001년 '9·11 미국 동시 다발 테러 사건' 외에 1995년 옴 진리교의 '지하철 사린 사건'과 같은 신흥 종교에 의한 테러도 발생하고 있다.

또한 근래에는 정치 체제나 사회 체제 전체를 변혁하려는 것이 아니라 총기 규제 반대나 낙태 반대, 반글로벌리즘, 환경 보호와 같이 하나의 쟁점으로 목적을 좁힌 테러도 늘어나고 있다. 이런 의미에서도 보다 광범위한 감시와 대책이 요구된다.

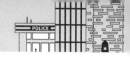

테러리즘의 정의

테러리즘이란? = 일반 대중의 공포심을 불러일으킴으로써 특정 정치적 목적을 달성하기 위한 수단으로 정의되는 폭력 행위

테러의 주요 수단

- 대량 살인
- 요인 암살
- 유괴·협박
- 인질극
- 총기 난사
- 파괴
- 비행기 납치

테러리즘의 목적

정치 테러리즘

정치 사상을 배경으로 자행되는 테러. 크게 좌익 집단에 의한 테러와 우익 집단에 의한 테러가 있다.

좌익 집단
사회주의나 공산주의의 실현을 목적으로 한 집단. 일본에서 일어난 사건으로는 1974년 '미쓰비시중공업 폭파 사건' 등을 들 수 있다.

우익 집단
전통 문화를 중시한 국가를 수립하려는 사상을 갖고 있는 조직. 일본에서 일어난 사건으로는 우익 집단에 소속된 경험이 있는 17세 소년이 저지른 1960년 '아사누마 사회당 위원장 살해 사건' 등이 있다.

종교 테러리즘

종교 문제나 민족 문제가 얽혀 자행되는 테러. 2001년 '9·11 미국 동시다발 테러 사건'이 그 예이다. 또 1995년 옴 진리교의 '지하철 사린 사건'과 같이 신흥 종교가 일으킨 테러도 발생하고 있다.

하나의 논점으로 목적을 좁힌 테러

근래의 테러의 특징 중 하나로, 정치체제나 사회 체제 전체를 변혁하려고 하는 것이 아니라 하나의 논점으로 목적을 좁힌 테러리즘. 예로는 총기 규제 반대, 낙태 반대, 반글로벌리즘, 환경 보호를 목적으로 한 것 등을 들 수 있다.

32 최근 개인 테러리스트가 늘고 있다!?

조직에 속하지 않는 개인 테러리스트

앞 페이지에서 최근에는 하나의 논점으로 좁힌 테러리
즘이 증가하고 있다고 했는데, 이와 함께 최근의 테러 특징으로 조직에
속하지 않고 단독으로 테러를 자행하는 개인 테러리스트를 들 수 있다.

종래 테러리즘의 경우, 테러의 실행범은 어떤 사회적·종교적 사상을
갖고 있는 단체에 소속되어 조직의 방침에 따라 테러를 결행하는 케이
스가 일반적이었다. 그런데 최근에는 인터넷 등의 영향으로 독자적으
로 사상을 과격화한 개인이 집단에 속하지 않고 단독으로 테러를 자행
하는 경우가 나타나고 있다. 이런 개인 테러리스트를 '론액터형 테러리
스트' 또는 '론울프형 테러리스트'라고 한다. 론액터형 테러리스트는 어
떤 예고도 없이 갑자기 출현하여 범행을 예측하기 어렵다는 점에서 큰
문제가 되고 있다.

한편 개인 테러리스트 중에서도 해외 인터넷을 통해 세뇌당해 자신
이 자란 나라에서 종교 테러를 자행하는 유형의 범인을 '홈그론 테러리스
트'라고 한다. 많은 테러 조직이 인터넷을 사용한 선전이나 모집 활동을
하고 있다는 점에서 개인 테러리스트의 출연을 어떻게 막을지가 테러
대책에 있어서 중요한 과제라고 할 수 있다.

테러리즘의 개인화

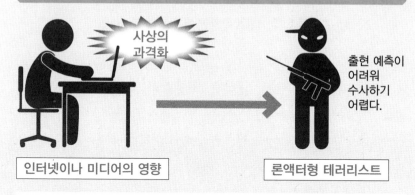

사상의
과격화

출현 예측이
어려워
수사하기
어렵다.

인터넷이나 미디어의 영향

론액터형 테러리스트

어느 단체에도 소속되지 않은 개인이 인터넷이나 미디어의 영향을 받아 테러를 일으킨다. 이런 유형의 테러리스트를 '론액터형 테러리스트' 또는 '론울프형 테러리스트'라고 한다.

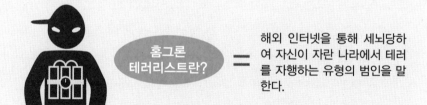

홈그론
테러리스트란?

=

해외 인터넷을 통해 세뇌당하여 자신이 자란 나라에서 테러를 자행하는 유형의 범인을 말한다.

인터넷 활용

주장의 발신

모집 활동

인질의 살해 장면
중계

적대 인물에 대한
비방이나 개인
정보 공개

근래에는 많은 테러 조직이 인터넷을 활용한다. 자신들의 주장 발신, 신인 모집, 인질 살해 장면 중계, 자신들의 운동에 반대하는 인물에 대한 비방, 적대 인물의 개인 정보 공개 등을 위해 인터넷을 이용하고 있다.

서모그래피로 상대의 거짓말을 알 수 있을까?

용의자가 거짓말하고 있는지를 알아내는 방법으로 폴리그래프 검사가 유명한데, 최근 주목받고 있는 다른 방법은 서모그래피를 사용하는 방법이다. 이 방법은 대상자의 얼굴을 서모그래피로 촬영한 후 다양한 질문을 할 때의 얼굴의 온도 변화를 이용해 거짓말 여부를 판별하는 것이다.

이 기법의 효과에 대해 미국 허니웰 연구소와 국방성이 공동으로 연구한 다음과 같은 실험이 있다. 이 실험에서는 먼저 실험 참가자를 유죄 그룹(12명)과 무죄 그룹(12명)으로 나누고, 유죄 그룹은 드라이버를 사용하여 마네킹을 찌르고 돈을 빼앗는 모의 범죄를 행하게 한다. 그 후 서모그래피로 참가자의 얼굴 온도를 모니터링하면서 흉기에 대한 질문을 한다. 음성으로 '연필', '가위', '오프너', '나이프', '드라이버'라는 말을 무작위 순서로 5번 제시하는데 이때 얼굴의 온도 변화를 분석함으로써 91.7%라는 높은 정밀도로 유죄 그룹과 무죄 그룹을 구별할 수 있다는 것이 밝혀졌다. 서모그래피를 사용한 검사는 폴리그래프 검사와 달리, 대상자에게 장치를 장착할 필요가 없으므로 공항의 입국 심사에 도입하여 테러리스트와 같이 범죄를 목적으로 하는 인물의 입국을 미연에 방지할 수 있다는 기대가 모아지고 있다.

서모그래피를 이용한 유죄/무죄의 예측과 정답률

	서모그래피를 이용한 예측		정답률
	무죄	유죄	
무죄 그룹	11	1	91.7%
유죄 그룹	1	11	91.7%

(숫자는 인원수)

제 **3** 장

성범죄 심리

33 성범죄에는 어떤 것이 있을까?

성범죄는 '강간'이나 '동의 없는 외설 행위', '음행', '치한', '성적 학대'와 같이 피해자의 신체에 접촉하는 것부터 '불법 촬영', '훔쳐보기', '노출', '속옷 훔치기'와 같이 피해자의 신체에 직접 손을 대지는 않지만, 상대에게 정신적인 충격을 주는 것까지 종류가 다양하다. 또 말로 집요하게 들러붙거나 전화나 메일을 하루에 몇 번씩 보내는 등의 연애 관련 '스토커 행위'도 성범죄라고 할 수 있다.

특히 '강간'이나 '동의 없는 외설 행위'와 같은 성범죄는 '영혼의 살인'이라고도 부르는 데서 알 수 있듯이 피해자에게 가늠할 수 없는 정신적 고통을 주는 지극히 중대한 범죄이다.

이러한 범죄의 피해를 입었을 때 '분명하게 거부하지 않은 피해자도 나쁘다'는 의견이 나오는 경우도 있지만, 설령 폭행이나 협박이 없더라도 '프리즈 상태'(성적 피해 당시 예상치 못한 사건에 직면함으로써 몸이 움직이지 않는 상태)나 지위에 따른 영향력 등으로 피해자가 분명히 거부하기 힘든 상황인 경우에는 범죄가 성립된다. 또한 '동의 없는 성교'나 '동의 없는 외설 행위'는 부부나 연인 사이에도 범죄가 성립되기 때문에 '교제하고 있으니 성행위를 받아들이는 것은 당연하다'는 인식은 잘못된 것이라고 할 수 있다.

주요 성범죄의 종류

강간

상대의 의사에 반하여 폭력이나 협박, 상대의 심신 상실 등에 편승하여 성행위를 강요한다.

동의 없는 외설 행위

피해자의 동의 없이 몸을 만지는 등 성행위 이외의 외설 행위를 한다.

공공장소 외설 행위

불특정 또는 다수의 사람이 인식할 수 있는 상태에서 성기 노출과 같은 외설 행위를 행한다.

치한

공공장소나 교통수단 안에서 상대의 의사의 반하여 신체를 만지는 등의 외설적인 언동을 한다.

불법 촬영·훔쳐보기

동의 없이 상대의 속옷이나 성행위를 촬영하거나 욕실 등 사람이 알몸으로 있는 장소를 훔쳐본다.

속옷 훔치기

타인의 주택이나 베란다, 빨래방 등에 침입하여 속옷을 훔친다.

스토커

특정 인물을 쫓아다니거나 숨어서 기다리거나 일방적으로 찾아가거나 무언 전화, 집요한 메일 송신 등을 한다.

미성년자 음행

18세 미만의 청소년과 성행위 또는 성교와 유사한 행위를 한다.

아동에 대한 성적 학대

아동에게 외설 행위를 하거나 아동에게 외설 행위를 시킨다.

성범죄에는 어떤 것이 있을까?

34 강간범은 성욕의 발산이 목적일까?

반드시 성욕만이 동기는 아니다

강간이란, 상대의 동의 없이 강제로 성행위를 하는 범죄로, 크게 안면이 있는 사람이 저지르는 '지인 간 강간'과 일면식이 전혀 없는 인물이 저지르는 '스트레인저 강간'이 있다.

이런 강간 범죄는 오랫동안 '성욕 주도의 범죄'로 여겨져 왔다. 즉, 성적인 욕구가 방아쇠가 되어 범행에 이른다는 생각이다. 그러나 강간범 연구가 진행되면서 반드시 성욕만이 동기가 아니라는 것이 밝혀졌다.

예를 들면 미국의 나이트와 플랜츠키는 강간범을 '화풀이형', '착취형', '보상형', '사디스틱형'으로 분류하고 있는데, 이를 보면 성욕이 주된 동기가 되는 것은 보상형뿐이다. 나머지는 성욕에 의한 범죄라기보다 오히려 폭력 범죄의 유형으로 볼 수 있다.

또한 가해자들은 강간에 앞서 생활상 스트레스를 겪거나 자존심을 다치는 경험을 하고 있는 경우가 많다는 연구도 있으며 강간은 그 스트레스의 발산 또는 여성을 지배함으로써 자존심을 회복하기 위한 행위라고 파악하기도 한다. 그런데 일본의 경우, 폭력적인 강간 사건보다 성적인 동기가 표면에 나오는 경우가 많아 미국의 강간범과는 경향이 다를 가능성도 있다.

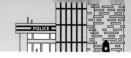

강간범의 4가지 분류

화풀이형

- 여성으로부터 부정이나 모욕을 받았다고 생각하여 복수를 위해 강간한다.
- 특정 여성을 노리기보다 여성 전체에 대한 증오를 갖고 있어서 적당한 상대를 강간한다.
- 이들에게 강간은 성적이라기보다 폭력적인 행위로, 피해자에게 상해를 입히는 경우도 많다.

착취형

- 남성 우월 사상을 갖고 있어서 남성이 여성을 폭력적으로 지배하는 것이 당연하다고 생각한다.
- 강간은 그런 생각을 실행에 옮기고 있을 뿐이라는 자기중심적이고 이기적인 생각에 바탕을 두고 있다.

보상형

- 사회적으로 무능하고 자존감이 낮다.
- 포르노를 좋아하고 훔쳐보기, 노출과 같은 성적 기호를 갖고 있는 경우가 많다.
- 성적인 목적으로 강간을 하지만, 동시에, 일시적이나마 여성을 지배함으로써 자신이 유능하다는 것을 확인하고 싶어 하는 것도 동기가 된다.
- 여성도 강간당하는 것을 즐기고 있다고 착각하는 경우도 있다.

사디스틱형

- 자신의 사디스틱한 성욕을 충족하기 위해 자신이 좋아하는 취향의 여성을 노리고 폭력적으로 강간한다.
- 피해자에게 상해를 입힘으로써 성욕을 충족하고 최악의 경우에는 상대를 살해할 수도 있다.
- 가장 위험한 유형으로, 연쇄 살인범으로 발전하는 경우도 있다.

강간 범죄의 동기가 반드시 성욕이라고 할 수 없다?

강간 범죄의 동기에 대한 기존 이미지

성적인 욕구가 방아쇠가 되어 강간에 이른다.

나이트와 플랜츠키의 분류에 의한 강간 범죄의 동기

'보상형' 외의 것은 성욕보다 폭력 범죄의 유형으로 볼 수 있다.

강간범은 성욕의 발산이 목적일까?

35 여성에게도 잘못이 있다는 편견에서 생겨나는 '2차 가해'

지금도 만연하는 '강간 신화'

성범죄의 큰 문제로 '2차 가해(성적 2차 피해)'가 있다. 이는 성범죄의 피해자가 경찰 조사나 매스컴 보도 등으로 성 피해의 고통을 떠올리거나 '피해를 입은 것은 피해자에게도 잘못이 있기 때문'이라는 비방을 받아 심한 심리적·사회적 피해를 입는 것을 가리킨다.

특히 '피해자에게도 잘못이 있다'는 생각은 성범죄에 대한 잘못된 생각이 사회에 많이 침투한 것에서 기인한다. 구체적으로는 '노출이 심한 복장을 하고 있는 여자는 피해를 입어도 된다', '저항하지 않았다는 것은 강간을 바라고 있기 때문이다', '강간 사건 중에는 남자에게 원한을 풀기 위해서 조작한 것이 많다'와 같은 생각으로, 이런 것들을 '강간 신화'라고 한다. 이런 잘못된 신념이 있는 것도 피해자가 성 피해를 호소하는 것을 주저하게 만드는 요인 중 하나이다.

'강간 신화'에 대해서는 대부분의 사람이 그 내용을 부정한다고 생각한다. 하지만 최근 세간을 떠들썩하게 한 성 가해 사건에서도 피해자에 대한 비방이 일어났던 것을 생각하면 아직도 이런 생각이 사회에서 완전히 없어졌다고 할 수 없다.

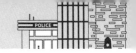

강간 신화란?

성적 욕구 불만

남자는 여자에 비해 훨씬 강하고 억누르기 힘든 성적 욕망을 갖고 있기 때문에 강간이 어쩔 수 없는 경우도 있다.

충동 행위

강간은 한순간의 격정에 따른 것이므로 너무 심하게 비난해서는 안 된다.

여성의 성적 도발

여성의 성적 매력에 압도당해 어쩔 수 없이 강간을 했으니 여성의 성적 도발에도 원인이 있다.
전철 안 혼잡한 장소에 서 있는 여성은 치한에게 당해도 어쩔 수 없다.

폭력적 성의 용인

여자는 남자로부터 폭력적으로 취급당할 때 성적 만족을 얻는 법이다.
거칠게 다루는 것은 대부분의 여자에게 성적 자극이 된다.

여성의 강간 희망

여자는 무의식중에 강간당하는 것을 원하고 있다.

여성의 틈

행동이나 복장에 흐트러진 곳이 있어서 스스로 강간당할 위험을 만들고 있는 여자는 피해를 입어도 된다.

날조

강간 사건 중에는 여자가 자신에게 불리한 것을 감추거나 남자에게 원한을 풀기 위해 날조한 것이 많다.

희박한 죄의식

여자의 몸을 만지는 것은 일종의 인사이다.

여성의 성적 욕구에 관한 오인

번화가에서 혼자 걷고 있는 여자는 거의 틀림없이 남자의 유혹을 기다리고 있다.

『강간 신화와 성범죄』(오부치 등, 1995),
『성적 정보 접촉과 성범죄 행위 가능성』(유카와·도마리, 1999)에서 발췌

2차 가해란?

자세한 피해 상황을 여러 번 설명하게 한다 (경찰의 조사, 재판에서의 질문 등).

매스컴의 보도

피해자에게도 잘못이 있다는 편견

주위의 호기심 어린·눈

날조라는 비방

피해자가 더욱 고통받는다.

36 노출범이 나오기 쉬운 시간과 장소는?

성범죄 중에서도 특히 많은 범죄

노출범이란, 피해자에게 갑자기 자신의 성기를 노출시켜 상대가 충격받거나 동요하는 모습을 보고 즐기는 범죄를 말한다. 거의 대부분의 범인이 남성이며 피해자도 대부분 여성이지만 남성이 피해를 입는 경우도 있다.

이런 노출범은 TV 뉴스 등에서 다루는 경우가 거의 없기 때문에 별로 발생하지 않는 미미한 범죄라고 생각하기 쉽다. 하지만 실제로는 일본의 성범죄 중에서 특히 많은 범죄 중 하나가 노출 범죄이다. 예를 들어 고등학생과 대학생을 대상으로 한 조사에서는 45.3%가 과거에 노출범을 만난 적이 있다고 대답했다는 보고도 있다.

또한 노출범의 데이터에 대해서는 2007년 10월부터 2008년도 5월까지 노출 행동으로 검거된 415명의 케이스를 대상으로 한 조사가 있는데, 이 결과에서 야간보다 대낮이 출몰하기 쉽다는 것과 범행 장소는 길거리가 가장 많았다는 것을 알 수 있다. 또 이런 노출범은 중년 남자가 저지른다는 이미지가 있지만, 실제로는 20대 범인도 많다는 것이 밝혀졌다.

이런 노출을 하는 심리로는 성적인 동기 외에 '자신의 행위로 사람에게 영향을 주고 싶다'는 자기 과시에 대한 동기도 있는 것으로 알려져 있다.

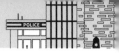

일본의 노출 범죄 가해자·피해자 데이터

범행 상황

범행 시간	대낮	66
	야간	34
범행 장소	길거리	40
	공공 시설	22
	주차장	15
	교통 기관 내	11
	공원 등	7
	주택가	5

피해자

피해자	여성	75
	남성	10
피해자 연령	~9세	2
	~19세	30
	~29세	34
	~39세	16
	~49세	8
	~59세	7
	~69세	2
	~70세 이상	1

가해자

범인 연령	~19세	3
	~29세	21
	~39세	28
	~49세	23
	~59세	15
	~69세	8
	~70세 이상	3
학력	중졸	26
	고졸	50
	대졸	23
직업	없음	30
	있음	70
혼인	기혼	30
	기혼, 자식 있음	2
전과	있음	51
	없음	49

(단위: %)

「남성 노출범의 범행 특징과 범인상에 관한 분석」(2014)에서 발췌. 요코다 등(2014)이 2007년 10월부터 2008년 5월까지 노출 행동으로 검거된 415명의 케이스를 대상으로 하여 그 범행 상황과 속성에 대해 집계한 것.

집계에서 알 수 있는 경향

- 야간보다 대낮에 출몰하기 쉽다.
- 피해자는 10~20대 여성이 많다.
- 가해자는 20~40대 남성이 많다.
- 가해자의 51%는 전과가 있다.

37 치한의 동기는 욕구 불만이 아니다?

치한을 그만두지 못하는 심리

일본에서 흔한 성범죄 중 하나로 치한이 있다. 치한이라는 말이 가리키는 뜻은 광범위하지만, 좁은 의미로는 전철이나 버스와 같은 공공 교통 기관에서 엉덩이, 음부 등을 만지거나 자신의 성기를 갖다 대는 등의 행위를 가리킨다.

일반적으로 치한은 성적 욕구를 충족하기 위해 저지르는 범죄로 여겨지고 있지만, 치한 상습범 중에는 성욕의 발산보다는 스트레스 해소의 수단으로 치한에 의존하는 경우도 많다고 한다.

처음에는 약간의 치기로 치한을 했지만, 그 결과 기분이 상쾌해지고 울적함이 사라지는 경험을 하고 나면 그 후에도 뭔가 스트레스를 안고 있을 때 이를 해소하기 위해 다시 치한을 한다는 것이다. 이 유형은 잡힐지도 모른다는 스릴 속에서 치한을 성공시키는 것 자체에 쾌감을 느끼고 치한을 반복한다.

또 상습성을 높이는 요인으로 '조건 반사'와 '인지의 왜곡' 문제도 지적받고 있다. 이런 요인들이 겹침으로써 잡히면 모든 것을 잃는 위험이 있음에도 불구하고 치한을 그만둘 수 없는 상태에 빠지게 되는 것이다. 이런 점에서 요즘의 치한은 '파라필리아(성도착증)'의 일종으로 보고 치료를 통해 재범을 막으려는 노력도 이루어지고 있다.

치한을 반복하게 되는 심리

가정 내 불화

스트레스 발산의 수단으로 치한 행위에 의존한다.

많은 일과 압박감

인간관계

스트레스를 발산하기 위해 치한 행위에 이른다.

치한을 함으로써 기분이 상쾌해졌다. 울적함이 사라졌다.

잡히지 않았다는 성공 체험

치한 조심!!

조건 반사와 인지 왜곡

조건 반사

만원 전철과 치한이 조건 반사로 연결되어 만원 전철을 타는 것만으로 치한 행위를 하고 싶다는 충동이 일어난다.

인지의 왜곡

'치한을 해도 저항하지 않는 것은 만지는 것을 좋아하기 때문이다'라고 자신의 상황에 유리하게 해석한다.

치한은 파라필리아(성도착증)의 일종이라는 견해

치한의 원인은?

동의 없이 사람을 만지거나 신체를 비벼 댐으로써 강렬한 성적 흥분을 느끼고 이로 인해 스트레스가 발산되는 것을 학습하여 치한 행위를 반복하게 된다.

 치한을 일종의 행동 장애로 간주하고 치료를 통해 재범을 막으려는 노력도 이루어지고 있다.

치한의 동기는 욕구 불만이 아니다?

38 불법 촬영 범죄가 계속 늘어나는 이유는?

스마트폰의 보급이 주요 요인

치한과 함께 일본에서 자주 문제가 되는 성범죄로 불법 촬영이 있다. 이것은 스마트폰이나 가방에 숨겨 놓은 소형 카메라를 사용하여 여성의 치마 속을 몰래 촬영하거나 탈의실이나 화장실에 카메라를 설치하여 옷을 갈아입거나 용무를 보는 장면을 촬영하는 것을 말한다.

불법 촬영은 근래 몇 년 동안 급증한 범죄로, 경찰청 자료에 따르면 2010년에는 검거 건수가 1,741건이었던 것이 2022년에는 5,737건으로 3배 이상 증가했다. 이렇게까지 증가한 요인으로는 스마트폰의 보급을 들 수 있다. 실제로 2022년에 검거된 불법 촬영범의 약 80%가 스마트폰으로 범행을 저질렀다.

또 최근 들어 발생한 인터넷을 사용한 불법 촬영 영상 매매도 불법 촬영범의 급증에 한몫을 하고 있다고 알려져 있다. 즉, 개인적인 성적 기호뿐만 아니라 금전을 목적으로 한 불법 촬영이 이루어지고 있는 것이다. 고등학생이 용돈벌이를 위해 학교 안에서 여학생의 치마 속이나 옷을 갈아입는 것을 불법 촬영하고 이를 SNS 등에서 판매한 사례도 보고되고 있어 큰 문제가 되고 있다.

옛날에는 설령 불법 촬영이 가능한 상황이라고 해도 기기가 없었기 때문에 범행을 바로 실행할 수 없었지만, 지금은 마음만 먹으면 누구나 간단히 불법 촬영을 할 수 있다. 이런 기회의 증가가 수많은 불법 촬영범을 생산한다고 할 수 있다.

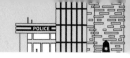

불법 촬영범 검거 현황

불법 촬영 관련 검거 건수 추이

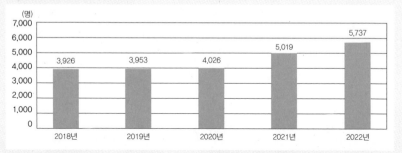

(명)

연도	검거 건수
2018년	3,926
2019년	3,953
2020년	4,026
2021년	5,019
2022년	5,737

발생 시간별 검거 건수

발생 시간대	검거 건수(건)	비율(%)
0~3시	182	3.2
3~6시	62	1.1
6~9시	663	11.6
9~12시	563	9.8
12~15시	957	16.7
15~18시	1461	25.5
18~21시	1086	18.9
21~24시	619	10.8
불분명	144	2.5

범행 사용 물품별 검거 건수

범행 공용물	검거 건수(건)	비율(%)
디지털 카메라	61	1.1
카메라 장착 휴대전화	180	3.1
스마트폰	4534	79.0
태블릿 단말기	32	0.6
비디오 카메라	73	1.3
소형(익명형) 카메라	821	14.3
기타	36	0.6

발생 장소별 검거 건수

발생 장소		검거 건수(건)	비율(%)
역 안	계단·엘리베이터	1121	19.5
	플랫폼	120	2.1
	기타	87	1.5
교통수단 안	전철 등	306	5.3
	버스	66	1.2
	기타	2	0.0
길거리		193	3.4
쇼핑몰 등 상업 시설		1208	21.1
서점·비디오 대여점		119	2.1
게임 센터·파친코점		166	2.9
기타 공공 장소		275	4.8
'공공장소' 이외의 장소	학교(유치원)	75	1.3
	기타	192	3.3
보통 옷을 걸치지 않는 장소 (주거지, 화장실, 목욕탕, 탈의실 등)		1807	31.5

불법 촬영으로 검거된 범인의 약 80%가 스마트폰을 사용했다.

일본 경찰청, 「2022년 중 민폐 방지 조례 등 위반(치한·불법 촬영)과 관련된 검거 상황 조사 결과」에서 발췌

불법 촬영 범죄가 계속 늘어나는 이유는?

39 '아동에 대한 성범죄자는 중년 남성이 많다'가 정말일까?

과반수 이상이 10~20대의 범행

아동에 대한 범죄 중에서도 비교적 많은 것이 성범죄이다. 가장 많은 것은 노출범의 성기 노출이지만, 몸을 만지거나 옷을 벗기는 등 동의하지 않은 외설 행위, 성교나 그와 유사한 행위를 하는 음행 또는 강간, 알몸을 촬영하는 아동 포르노 등 아이들은 다양한 성범죄의 피해자가 된다.

또 이른바 아동을 데리고 돌아다니는 사건이나 감금 사건도 범인과 피해자 사이에 일면식이 없는 경우에는 약 90% 가까이가 성적인 범죄 목적이라고 밝혀져 이것도 성범죄의 일종으로 볼 수 있다.

아동을 대상으로 한 성범죄자들 중에는 중년 남성이 많다는 이미지가 있다. 그러나 실제로는 10~20대의 범인이 매우 많으며 연소자 강간범, 유소아 유괴·외설범도 약 50% 이상이 10~20대가 차지하고 있다. 특히, 연소자 강간범은 전 세대 중에서도 10대의 범행이 가장 많아 이미지와 다르다는 것을 알 수 있다. 범죄의 발생 시간은 전체의 60~70%가 오후 3시에서 오후 6시로 아파트 놀이터, 공원이나 상업 시설의 화장실, 인적이 드문 길거리 등에서 발생한다. 예를 들면 화장실은 누구나 들어갈 수 있고 안에 들어가면 주위에서 볼 수 없는 사각지대가 되기 때문에 범죄자에게 있어서 절호의 범행 장소 중 하나라고 할 수 있다.

아동에 대한 성범죄자의 분포

연소자 강간범

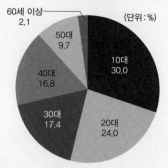

(단위 : %)

- 60세 이상 2.1
- 50대 9.7
- 40대 16.8
- 30대 17.4
- 20대 24.0
- 10대 30.0

왼쪽은 연소자 강간범, 유소아 유괴·외설범 가해자의 연령을 그래프로 나타낸 것이다. 이를 보면 연소자 강간범의 54%, 유소아 유괴·외설범의 56%가 20대 이하인 인물에 의해 일어났다는 것을 알 수 있다.

『수사심리학』(와타나베 쇼이치 편)에서 발췌

유소아 유괴·외설범

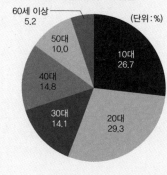

(단위 : %)

- 60세 이상 5.2
- 50대 10.0
- 40대 14.8
- 30대 14.1
- 20대 29.3
- 10대 26.7

범행이 일어나는 시간대와 장소

- 전체의 60∼70%가 오후 3시에서 오후 6시의 하교 시간대에 발생
- 발생 장소는 아파트(중·고층 주택), 공원, 길거리 등
- 상업 시설의 화장실 등 들어가기 쉽고 보이지 않는 장소

40 성범죄자의 신상 정보를 공개하는 법이 있다

메건법의 장단점

　　성범죄자 중에는 한 번 체포되었어도 다시 똑같은 범죄를 반복하는 사람도 있다. 그런 범죄로부터 사람들을 어떻게 보호할 것인지가 사회의 중요한 문제인데, 그 대책 중 하나로 미국에서 제정된 '메건법'이 있다.

　메건법은 상습적인 성범죄자를 그 위험성에 따라 분류한 후 가장 위험한 성범죄자의 이름과 주소, 직업 등을 공개하는 법이다. 1994년에 뉴저지주에서 '메건 캔커'라는 소녀가 성범죄 전과를 갖고 있는 남성에게 살해된 사건이 일어난 것을 계기로 제정되어 이후 다른 주에서도 똑같은 법이 만들어지게 되었다. 메건법은 근처에 성범죄자가 있다는 것을 알림으로써 부모가 아이들을 보호할 수 있다는 장점이 있다. 반면, 메건법 때문에 전과자가 지역에서 배제됨으로써 갱생을 막고 재범을 유발하는 요인이 된다는 비판도 있다.

　실제로 메건법의 대상이 된 183명을 조사한 결과, 전과자 자신도 메건법이 재발 방지에 효과가 있다는 것은 인정하는 한편, 친구나 소중한 사람을 잃거나 고독감을 느끼거나 직장을 잃어버리는 등 갱생에 중요한 요소가 메건법에 의해 저해되는 현실이 있다는 것도 밝혀졌다.

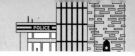

메건법이란?

성범죄자

나이
주소
죄명

↓
공개

 메건법

성범죄로 유죄를 받은 사람이 형기를 끝낸 후에도 이름과 주소, 범죄 이력 등 신상 정보를 등록하여 주민에게 공개할 것을 정한 법의 총칭

인근에 성범죄자가 있다고 알림으로써 부모가 아이들을 보호할 수 있도록 한다.

메건법이 성범죄자에게 미치는 영향(Levinson & Cotter, 2005)

고용주나 동료에게 성범죄자라는 것이 알려져 직장을 잃었다.	27%
집주인에게 성범죄자라는 것이 알려져 쫓겨났다.	20%
옆집으로부터 협박이나 괴롭힘을 당했다.	33%
모르는 사람에게 습격을 받았다.	5%
모르는 사람이 집이나 재산을 손괴했다.	21%
메건법 때문에 고독감을 느낀다.	64%
메건법 때문에 친구나 소중한 사람을 잃었다.	52%
메건법 때문에 신변의 위험을 느낀다.	46%
메건법 때문에 장래의 희망을 가질 수 없다.	72%
메건법 때문에 재범이 억제된다.	22%
주위의 신뢰를 얻기 위해 재범하지 않으려는 동기가 부여된다.	66%
많은 사람이 자신의 재범 방지를 위해 지지해 준다고 느낀다.	52%
어디에 성범죄자가 살고 있는지를 앎으로써 지역 단체가 안전해진다는 생각에 동의한다.	32%

메건법이 갱생을 방해해서 다시 범죄를 저지를 가능성이 높다는 비판도 있다.

성범죄자의 신상 정보를 공개하는 법이 있다

41 아동에 대한 성범죄자의 분류

왜 아동을 성적 대상으로 볼까?

아동에 대한 성범죄도 동기나 범인의 행동 패턴을 분석하면 몇 가지 유형으로 분류할 수 있다. 분류 방법은 다양하지만 대표적인 것으로 '매사추세츠 치료 센터 분류'가 있다. 이는 아동에 대한 성범죄자를 '고집형 소아성애증', '퇴행형 소아성애증', '착취형 소아성애증', '사디스틱형 소아성애증'으로 분류한 것이다.

이 분류는 범인의 기질이나 기호를 해석할 때 참고가 되지만, 한편으로는 왜 이런 성범죄자가 아동을 성적 대상으로 보는지에 대해서는 거의 알려져 있지 않다.

이 문제에 대해 제안된 가설 중 하나로, '학습 이론'이 있다. 이것은 소아기에 아이들끼리의 우발적인 성적 접촉에 의해 아동이라는 자극과 성적인 쾌감이 조건 반사로 이어졌다는 설로, 이것이 성적 공상이나 자위 행위에 의해 반복 강화된 결과, 아동에 대한 성적 기호가 형성되었다는 것이다. 또 '정신 분석 이론'에서는 어떤 이유로 심리적인 발달이 저해받아 퇴행을 불러일으킨 결과, 스스로의 열등감을 보상하고 우월감이나 지배감을 얻기 위해 아동을 성적인 대상으로 보게 되었다고 한다.

아동에 대한 성범죄의 분류(매사추세츠 치료 센터 분류)

고집형 소아성애증

- 사회적으로 미성숙하여 성인 남녀와 관계를 잘 구축하지 못한다.
- 아이와는 인간관계를 구축할 수 있어서 아이와 접촉할 때가 가장 편안하다.
- 아이를 만지거나 애무하는 것을 바라던 것이 성교까지 갈구하는 경우가 많다.
- 안면이 있는 아이를 대상으로 하며 폭력이나 신체적인 강제력은 사용하지 않는다.

퇴행형 소아성애증

- 정상적인 성장기를 갖고 있지만 어떤 이유로 남자로서의 자존심에 상처를 입어 자신감 상실을 경험한다.
- 성적인 문제를 품고 있는 경우도 많다.
- 보통 안면이 없고 집에서 비교적 떨어진 곳에 사는 아이를 노린다.
- 피해 아동의 대부분은 여아로 성교까지 원하는 경우도 많다.

착취형 소아성애증

- 충동적이고 화를 잘 내 주위 사람들이 피하려고 하는 유형의 인물
- 아이를 단순한 성적 대상으로 보고 자신의 성적 욕구를 만족시키기 위해 아이를 원한다.
- 온갖 수단 방법을 동원해 아이를 납치하여 범행을 저지르려고 한다.

사디스틱형 소아성애증

- 상대를 공격하고 아프게 함으로써 성적 쾌감을 얻는다.
- 피해 아동은 거의 대부분 위해를 받거나 경우에 따라서는 살해된다.
- 피해 아동은 남아인 경우가 많다.
- 이 유형은 수는 적지만 극히 위험하며 치료도 어렵다.

아동에 대한 성범죄의 원인

가설 1. 학습 이론

소아기에 아이들끼리의 우발적인 성적 접촉으로 아동이라는 자극과 성적 쾌감이 조건 반사화된다는 가설

가설 2. 정신 분석 이론

어떤 이유로 심리적인 발달이 저해 되어 퇴행을 불러일으킨 결과로 보는 가설

단, 이것은 어디까지나 가설일 뿐, 왜 아동을 성적 대상으로 보는지에 대해서는 거의 밝혀진 바가 없다.

42 아동을 길들이는 '그루밍'을 간과하지 않기 위해

모르는 사이에 아이가 피해를

'그루밍'이란, 본래 '동물이 털고르기를 한다'는 뜻을 가진 용어이지만, 성범죄에 있어 성적 행위를 목적으로 어린이에게 접근하여 신뢰를 얻는 행위를 가리킨다.

그루밍의 대표적인 사례로는 아이 주변에 있는 인물, 예를 들면 교사나 서클의 코치, 학원 선생님과 같은 인물이 자신의 위치를 이용하여 외설 행위에 이르는 경우가 있다. 이런 범인은 언뜻 보기에는 교육열이 있는 인물처럼 보이는 경우가 많아 보호자도 설마 그런 범죄를 저질렀으리라고 생각하지 못하고 장기간에 걸쳐 아동이 피해를 입는 경우도 있다.

또 최근 특히 문제시되는 것이 인터넷을 사용한 그루밍이다. 이는 SNS나 온라인 게임 등을 통해 아이와 알게 되고 고민 상담을 해 주는 등 신뢰감을 쌓은 후에 직접 만나 외설 행위에 이르거나 알몸 사진을 보내도록 지시하는 것도 있다. 아이의 SNS에서의 교우 관계에 대해 보호자가 전혀 파악하지 못하는 경우가 많아 모르는 사이에 피해를 입는 일이 많다.

이런 범죄를 방지하기 위해서는 그루밍에 관한 지식을 아이들에게 가르치는 동시에 평소에 아이들의 생활 모습을 잘 지켜보는 것이 중요하다.

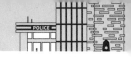

그루밍의 주요 수법

너는 장래성이 있으니 특별히 개인 지도를 하겠다.

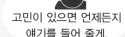

고민이 있으면 언제든지 얘기를 들어 줄게.

재미있는 게임이 있는데 같이 안 할래?

주위의 인물

교사나 서클 코치, 학원 선생님, 이웃 사람 등 얼굴을 알고 있는 인물이 입장을 이용하여 아이들이 거절하기 어려운 상황을 만들고 몸을 만지는 등의 행위를 한다.

인터넷

SNS나 온라인 게임 등을 통해 미성년자와 알게 되어 고민을 상담해 주는 등 신뢰감을 쌓은 후 직접 만나 외설 행위를 하거나 알몸 사진을 보내도록 지시한다.

일면식이 없는 사람

공원 등에서 말을 걸어 알게 된다. 게임이나 만화와 같이 아이의 관심을 끌 만한 것을 주면서 친해져 인적이 없는 곳으로 데려가 외설 행위를 한다.

95

이동을 걸음이는 '그루밍'을 간과하지 않기 위해

그루밍범의 특징

- 작은 고민이나 상담에도 친절하게 응한다.
- 상대의 의견에 대해 전면 공감·긍정하고 아이가 안정감이나 특별함을 품게 한다.
- "재능이 있다.", "다른 아이와 다르다." 등 상대의 인정 욕구를 충족시켜 주는 말을 한다.

이 사람은 나를 잘 이해해 주고 있다.

매우 친절하고 신뢰할 수 있는 어른이다.

'상대에게 미움받고 싶지 않다', '이상한 짓을 할 리가 없다'고 생각하여 피해를 입고 만다.

43 성범죄자의 갱생 프로그램

코핑을 이용한 재범 방지 방법

아동에 대한 성범죄의 교정에는 지금까지 다양한 프로그램이 실시되어 왔다. 그중에서 최근 주목을 받고 있는 것이 '코핑(coping)'이라는 기법이다.

이것은 아동에 대한 성적 기호 자체를 치료하는 것이 아니라 범행의 계기가 되는 원인을 특정함으로써 자기 통제를 이용해 재발을 방지하는 대처법을 트레이닝하는 것이다. 예를 들어 아동에 대한 성범죄자는 범행에 앞서 불안감이나 우울감이 생기고 계속 범행에 대한 공상·충동이 일어나며, 포르노를 보면서 자위 행위를 하고, 마지막에 그 공상을 실현하기 위해 외출하는 일련의 행동을 취한다고 한다. 이 연쇄가 일어나 버리면 최종적으로 범행에 이르게 되는데, 스스로 이 연쇄 안에 들어 있다는 것을 인식하고 이를 잘라 내기 위한 방법을 취할 수 있다면 범행을 미연에 방지할 수 있다.

코핑은 일본의 형사 시설 등에서 실시되고 있는 재범 방지 프로그램에도 도입하고 있어 어느 정도 재범 방지 효과가 있다고 인정받고 있다. 또 재범하지 않는 방법뿐만 아니라 '되고 싶은 자신(목표)'에 초점을 맞춘 지도를 함으로써 수강자의 긍정적인 의욕을 불러일으키고 갱생에 활용하는 시도도 이루어지고 있다.

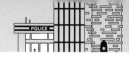

일본 형사 시설의 '성범죄 재범 방지 지도' 본과 프로그램 개요

항목	지도 내용	고밀도	중밀도	저밀도
제1과: 자기 통제	• 사건으로 이어진 요인에 대해 폭넓게 검토하고 특정한다. • 사건으로 이어진 요인의 재발을 막기 위한 개입 계획(자기 통제 계획)을 작성한다. • 효과적인 개입에 필요한 스킬을 익힌다.	필수	필수	필수 (요약판)
제2과: 인지 왜곡과 변화 방법	• 인지가 행동에 미치는 영향에 대해 이해한다. • 편향된 인지를 수정하고 적응적인 사고 스타일을 익힌다. • 인지의 재구성 과정을 자기 통제 계획에 짜 넣는다.	필수	선택	-
제3과: 대인관계와 친밀성	• 원하지 않는 대인 관계에 대해 이해한다. • 대인 관계와 관련된 본인의 문제성을 개선하고 필요한 스킬을 몸에 익힌다.	필수	선택	-
제4과: 감정 통제	• 감정이 행동에 미치는 영향에 대해 이해한다. • 감정 통제의 기제를 이해하고 필요한 기술을 몸에 익힌다.	필수	선택	-
제5과: 공감과 피해자 이해	• 타인에 대한 공감 능력을 높인다. • 공감의 출현을 촉진한다.	필수	선택	-

일본 법무성 교정국·보호국, 「형사 시설 및 보호 관찰소의 연계를 강화한 성범죄자에 대한 처우 프로그램의 개정에 대해(2022년~)」에서 발췌

코핑=대처 방법

사건의 계기가 되는 요인의 특정과 파악

범행을 실행하지 않기 위한 대처법을 배우고 실천한다.

코핑을 이용한 재발 방지

인지 행동 요법 등의 이론을 바탕으로 한 처우 프로그램으로, '사건(실행)'에 이르는 흐름(사이클)의 각 단계에서 흐름을 벗어나기 위한 코핑(대처 방법)을 몸에 익힌다.

되고 싶은 자신(목표)의 설정

재범을 '하지 않는' 방법뿐만 아니라 수강자가 앞으로 달성하고 싶은 목표나 수강자의 장점에 초점을 맞춰 지도한다. 이로써 수강자의 긍정적인 의욕을 갱생에 활용한다.

성범죄자의 갱생 프로그램

44 어떤 사람이 스토커가 될까?

약 40%는 교제 상대나 배우자의 범행

스토커로 경찰에 상담하는 건수는 매년 2만 건에 이른다. 가해자의 대부분은 20~40대 남성이지만, 최근에는 고령자 스토커도 증가하고 있으며 80대 남성이 20대 여성을 스토킹한 사례도 있다.

스토킹은 일반적으로 복잡한 연애 감정을 동기로 보고 있지만, 어떤 인물이 스토커가 되는 것일까? 이에 대해서는 많은 연구자가 스토커의 유형을 분류해 왔다. 예를 들어 뮬렌 등은 스토커를 대상이나 동기, 행동 패턴, 가해자의 성격 등에 따라 '거절형', '증오형', '친밀 희구형', '무자격형', '포식형'으로 분류했다.

이 중 일본에서 가장 많은 유형은 '거절형'으로 분류되는, 예전 교제 상대나 이혼한 배우자를 스토킹하는 유형이다. 2022년 경찰청 통계에 따르면 스토킹의 44.2%가 교제 상대(예전 포함) 또는 배우자(내연·예전 포함)의 범행이었다. 또 범인과 피해자가 원래 친밀한 관계에 있었던 경우나 범인에게 인격 장애, 약물 중독, 전과, 폭력 기록이 있었던 경우, 피해자에 대해 협박이 있었던 경우는 스토킹 행위가 상해나 살인으로 폭주할 위험도가 높아진다는 것이 밝혀졌기 때문에 빠른 시일 내에 경찰과 상담하는 것이 중요하다.

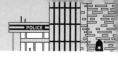

스토커의 유형(Mullen et al., 2000)

거절형

- 예전 교제 상대나 이혼한 배우자를 스토킹하는 유형
- 상대에게 이별을 통보받은 것을 계기로 시작되는 경우가 많다.
- 원래 관계로 돌아가고 싶다는 욕구를 갖고 있지만, 그것이 불가능해진 경우는 상해나 강간, 살인과 같은 위험한 행위에 이르는 경우도 있다.

친밀 희구형

- 자신과 피해자가 연애 관계에 있다는 망상을 품고 그를 바탕으로 피해자에게 들러붙는다.
- 이 유형은 망상을 동반하는 정신 장애를 갖고 있는 경우가 많다.
- 이러한 망상을 합리적인 설득으로 없애기는 어렵다.

포식형

- 강간, 성적 살인 등을 하기 위한 정보 수집의 일환으로 선정한 피해자를 따라다닌다.
- 상대에게 자신의 존재를 알리지 않고 정보를 수집하는 것이 목적이기 때문에 피해자가 피해를 입은 것을 깨닫지 못한다는 특징이 있다.

증오형

- 평소 스트레스나 불만을 쌓아 두기 쉬운 인물이 사소한 것을 계기(발을 밟았다, 무시했다, 얕잡아 봤다 등)로 불만을 폭발시켜 상대를 괴롭힌다.
- 대부분의 경우, 범인은 자신의 정체를 감추고 상대가 괴로워하는 것을 보거나 상상하며 만족한다.

무자격형

- 인간관계에 있어서 상대의 입장에 서서 사물을 보지 못하는 유형의 스토킹 행위
- 사이코패스적인 무자격형은 피해자에 대한 일방적인 구애 활동을 반복하고 그에 대한 보답이 없으면 폭력이나 강간 등의 행위가 나타나는 경우가 있다.

기타 유형

- 발달 장애 때문에 상대의 감정을 배려한 유연한 대응을 못해 연애에 있어서 집요한 태도를 취하는 등 결과적으로 스토커 행위를 하는 유형
- 연애에 대한 스킬이 부족하여 집요한 행동이나 수상한 행동을 취해 버리는 유형
- 배우나 아이돌, 스포츠 선수, 아나운서 등 유명인을 대상으로 하는 경우

스토커 규제법

일본의「스토커 규제법」이란, 따라다니거나 숨어서 기다리는 등 스토커 행위를 한 자에게 경고나 접근 금지 명령을 내리고 악질적인 경우에는 그자를 체포할 수 있게 하는 법이다. 1999년에 사이타마현에서 여대생이 예전 교제 상대에게 스토킹을 당한 후 살해된 사건을 계기로 2000년에 제정되었다. 이 법에서 스토커 행위란, 구체적으로 아래의 '따라다니기 등 또는 위치 정보 무허가 취득 등'에 있는 [아]~[고]를 말하는데, 단순히 따라다니는 행위뿐만 아니라 감시하고 있다고 알리는 행위, 상대가 거부했음에도 계속 전화나 메일을 보내는 행위, GPS 기기 등을 부착하는 행위 등도 대상이 된다. 위반한 경우, 1년 이하의 징역 또는 100만 엔 이하의 벌금이 부과되며 접근 금지 명령 등을 위반하고 스토커 행위를 한 경우는 2년 이하의 징역 또는 200만 엔 이하의 벌금으로 보다 중한 형이 부과된다.

따라다니기 등 또는 위치 정보 무허가 취득 등

[아] 따라다니기, 숨어서 기다리기, 밀어붙이기, 서성거리기 등
[이] 감시하고 있다고 알리는 행위
[우] 면회나 교제 요구
[에] 난폭한 언동
[오] 무언 전화, 거부 후 연속된 전화·팩스·이메일·SNS 메시지·문서 등
[가] 오물 등 송부
[기] 명예를 훼손시킨다(비방이나 명예를 훼손시키는 내용을 알리는 메일을 보내는 등).
[구] 성적 수치심의 침해(외설적인 사진을 자택으로 보내거나 전화나 편지로 비열하고 음란한 말을 한다.)
[게] GPS 기기 등을 사용하여 위치 정보를 취득하는 행위
[고] GPS 기기 등을 부착하는 행위

이런 행위를 반복하는 것을 '스토커 행위'로 규정하고 벌칙을 마련하고 있다.

단 '따라다니기 등 또는 위치 정보 무허가 취득 등'의 [아]에서 [에]. [오](이메일 송수신과 관련된 부분에 한함)까지의 행위에 대해서는 신체의 안전, 주거 등의 평온 또는 명예가 침해받거나 행동의 자유가 현저히 저해되는 불안을 느끼게 하는 방법으로 일어난 경우에 한한다.

제 4 장

DV·학대의 심리

45 배우자나 연인에게 왜 폭력을 휘두를까?

DV 가해자의 유형과 동기

　　DV(가정 내 폭력)라고 하면 때리거나 발로 차는 등의 폭력 행위를 떠올리는 사람이 많을 것이다. 그러나 DV의 범위는 이러한 '신체적 폭력'뿐만 아니라 때리는 시늉을 하거나 큰 소리로 고함치는 '간접적인 폭력', 피임 거부나 낙태 강요와 같은 '성적 폭력', 깔보는 듯한 말을 하거나 사람 앞에서 모욕을 주는 '언어적 폭력', 휴대전화나 메일 체크, 교우 관계의 제한과 같은 '지배·감시', 도청이나 불법 촬영, 잠복과 같은 '따라다니기·스토킹', 자신을 위해 일하게 하거나 금전 관리권을 빼앗는 등의 '경제적 폭력' 등도 DV에 해당한다. 또한 이런 DV는 어느 하나만 일어나는 것이 아니라 '신체적 폭력', '성적 폭력', '경제적 폭력'이 동시에 일어나는 등 여러 종류의 괴롭힘이 복합적으로 발생한다.

　이런 DV를 하는 배경에는 다양한 동기가 얽혀 있지만, 크게 나누면 DV 가해자에게는 '파워 우위'와 '컨트롤 우위'라는 2가지 유형이 있다. 나아가 '남성 우월 사상형', '보상형', '정신적 지배형', '불안정형'이라는 4가지로 분류할 수도 있다. 이런 분석을 바탕으로 가해자가 어떤 동기로 DV를 자행하고 있는지 파악하는 것이 DV 대책에서 필수 불가결하다고 할 수 있다.

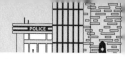

DV의 종류와 가해자 유형

DV의 종류

신체적 폭력
때리거나 발로 찬다, 흉기를 들이댄다, 머리를 잡아당긴다, 질질 끌고 다닌다 등

간접적 폭력
때리는 시늉을 하여 위협한다, 큰 소리로 고함을 친다, 책상이나 벽을 치거나 찬다 등

성적 폭력
강간, 피임 거부, 낙태 강요, 알몸 사진의 촬영 강요 등

언어적 폭력
깔보는 듯한 말투, 다른 사람 앞에서 모욕을 준다, 무시한다 등

지배·감시
휴대전화나 메일 체크, 교우 관계나 쇼핑의 제한·체크 등

따라다니기·스토킹
처가나 아파트에 들이닥친다, 숨어서 기다린다, 도청이나 불법 촬영을 한다 등

경제적 폭력
돈을 요구한다, 자신을 위해 일하게 한다, 금전의 관리권을 빼앗는다 등

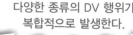

다양한 종류의 DV 행위가
복합적으로 발생한다.

DV 가해자의 유형

파워가 우위인 유형

남성 우월 사상형
'남자는 여자보다 위대하다, 여자는 남자에게 지배받는 것이 당연하다' 등 남성 우월 사상을 갖고 있다. 신체적 폭력, 성적 폭력 등 힘과 협박을 이용해 관계를 유지한다.

보상형
일이나 일상생활에서의 불만을 교제 상대에게 푸는 유형. 신체적 폭력, 성적 폭력뿐만 아니라 심리적 폭력, 경제적 폭력 등도 행사한다.

컨트롤이 우위인 유형

정신적 지배형
프라이드가 높지만 내심은 자신이 없고 항상 상대의 행동을 감시하고 싶어한다. 자신의 생각대로 되지 않으면 오히려 화를 낸다.

불안정형
과도한 애정과 과도한 미움이 공존하는 유형. '~해 주지 않으면 자살하겠다' 등과 같은 언동으로 상대를 괴롭혀 막다른 지경까지 몰아넣는다.

46 'DV를 당하면 헤어지면 된다'가 간단하지 않은 이유

DV를 당해도 헤어지지 못하는 심리

DV 피해자 중에는 반복적으로 폭력을 당하고 있는데도 쉽사리 헤어지지 못하고 계속 피해를 보는 경우도 있다. 제삼자의 입장에서 보면 왜 바로 헤어지지 못하는지 이해하기 힘들 수도 있지만 그 이유는 다음과 같은 심리적인 작용이 있기 때문이라고 한다.

첫 번째는 DV의 사이클이다. DV 가해자는 상대에 대해 항상 DV를 행사하는 것이 아니라 '긴장 형성기', '폭발기', '화해기'라는 3개의 사이클을 반복한다고 한다. DV 피해자는 '폭발기'에 폭력을 당함으로써 헤어지겠다고 생각하지만, 그 후의 '화해기'에 다정하게 대해 주거나 가해자가 두 번 다시 폭력을 휘두르지 않겠다고 울면서 사과를 하면 한 번 더 믿어 보고 싶다고 생각하기 때문에 관계를 질질 끌게 되는 것이다.

또 이런 사이클이 반복되면 피해자는 DV에서 벗어나는 것 자체를 포기하는 '학습성 무력감'이나 자기 안에서 DV를 당하는 이유를 만들어 내는 '합리화·자기 세뇌' 상태에 빠지게 되는 경우가 있다. 이외에도 경제적인 이유나 '헤어지면 죽인다'는 협박 등 헤어질 수 없는 이유는 다양하다. 어떤 경우이든 이렇게 되면 스스로 DV로부터 벗어나기 힘들기 때문에 주위 사람들이 전문 기관에 상담을 의뢰하는 등의 대처를 해야 한다.

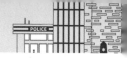

DV 사이클

긴장감이 높아지고 비난하거나 큰 소리로 고함치는 등의 행동이 늘어난다.

긴장 형성기
(긴장이 팽배해진 시기)

때린다, 발로 찬다, 말로 위협하거나 욕한다, 성관계를 강요한다와 같은 행위에 이른다.

폭발기
(DV 발생)

화해기
(허니문기)

가라앉는 단계. 선물을 주는 등 태도가 갑자기 다정해지고 두 번 다시 폭력을 휘두르지 않겠다고 울면서 사죄한다.

화해기에 다정하게 대해 줌으로써 다시 한번 상대를 믿어보려는 마음이 들어 DV가 영원히 반복된다.

학습성 무력감과 합리화 · 자기 세뇌

더 이상
어떻게 해야 좋을지
모르겠다.

폭력을
휘두르는 것은
내가 잘못했기
때문이다.

학습성 무력감

처음에는 상대가 DV를 행하는 원인을 자기 나름대로 찾아 열심히 문제를 해결하려고 한다. 하지만 뭘 해도 결국 폭력을 휘두른다. 점차 어떻게 해야 좋을지 모르게 되어 무력감에 빠지게 된다.

합리화 · 자기 세뇌

'그 사람이 폭력을 휘두르는 것은 내가 무능하기 때문이다', '나를 사랑해 주기 때문에 엄하게 대하고 있다', '상대의 성장 배경이 불행했기 때문에 어쩔 수 없다' 등 자기 나름대로 상대의 행동을 납득할 이유를 만들어 낸다.

'DV를 당하면 헤어지면 된다'가 간단하지 않은 이유

47 아동 학대의 최대 원인은 가난이다!?

빈곤 가정은 학대 위험이 높다

일본에서도 정기적으로 학대에 따른 아동 사망 사건이 발생하여 그때마다 정부나 학교의 대응이 문제시되는 등 큰 사회 문제가 되고 있다. 이런 학대가 일어나는 배경으로는 '부모 요인', '아이 요인', '가정을 둘러싼 요인'이 있으며 이것들이 겹침으로써 학대 위험이 올라간다고 한다.

그중에서도 학대의 큰 요소로 여겨지는 것이 '가정의 빈곤'이다. 예를 들어 전국 아동상담소장회 「전국 아동상담소의 가정 지원에 대한 연구 상황 조사」(2009년)에 따르면, 학대로 이어지는 가정·가족의 상황으로 가장 높은 비율을 차지한 것은 바로 '경제적 곤란'(33.6%)이고 그다음이 '학대자의 심신 상태'(31.1%), '한 부모 가정'(26.5%), '부부간 불화'(18.3%), '불안정한 취업'(16.2%) 등이었다.

또 2013년 전국 아동상담소장회의 조사에서도 '경제적 곤란'이 26.0%로 여전히 높으며 더욱이 학대별로 본 조사에서는 니글렉트(방치)의 경우 '경제적 곤란'이 45.7%로 상당히 높은 비율을 차지하고 있어서 빈곤이 학대로 이어지는 중요한 요소라는 것이 밝혀졌다. 가정별 경제적인 지원은 물론 사회 전체의 경제 상태를 개선하는 것이 학대 방지를 위한 중요한 포인트라고 할 수 있다.

아동 학대의 종류와 위험 요소

아동 학대의 종류

신체적 학대

때린다, 발로 찬다, 높은 곳에서 떨어뜨린다, 심하게 흔든다 등 아이의 신체나 생명에 위험을 발생시키는 행위를 한다.

심리적 학대

아이의 마음에 상처를 주는 언동, 큰 소리나 협박, 존재를 무시한다, 형제 간 차별 대우를 한다, 아이 앞에서 DV를 한다 등

니글렉트

적절한 식사를 제공하지 않는다, 장기간 똑같은 옷을 계속 입힌다, 극단적으로 불결한 환경에서 생활하게 한다, 병이 나도 병원에 데려가지 않는다, 학교에 보내지 않는다, 장시간 아이를 방치한다 등

성적 학대

성관계를 강요한다, 성기를 노출시킨다, 성적 행위를 보인다, 포르노 등의 피사체로 만든다 등

아동 학대의 위험 요인

부모 요인

- 육아 불안
- 병이나 장애(병으로 인한 양육 능력 저하)
- 정신적으로 불안정한 상태(산후 우울증이나 알코올 의존증)

아이 요인

- 키우기 힘든 아이(짜증이 심하다, 고집이 세다 등)
- 병이나 장애(선천적 이상 질환, 발달 장애 등)

아동 학대의 위험 높음

가족을 둘러싼 요인

- 고립(육아에 관해 상담할 수 있는 사람이 없다)
- 불안정한 부부 관계(부부 싸움이 끊이지 않는다, DV 등)
- 경제적 불안

아동 학대의 최대 원인은 가난이다?

48 '좋은 부모'임을 어필하려고 일부러 아이를 병에 걸리게 하고 간병한다

대리 뮌히하우젠 증후군

아동 학대 중 하나로 '대리 뮌히하우젠 증후군'이 있다. 이는 부모가 주변의 관심이나 동정을 불러일으키기 위해 자신의 아이가 난치병이라는 허위 보고를 하거나 고의로 자신의 아이를 병에 걸리게 하는 일을 계속적으로 행하는 것이다.

원래 '뮌히하우젠 증후군'이란, '질병 이득'을 얻기 위해 스스로 병난 척을 하는 허위성 장애를 가리킨다. 여기서 말하는 '질병 이득'이란, 학교나 직장을 가지 않아도 된다거나 주위 사람들이 다정하게 대해 주는 등 병 덕분에 얻을 수 있는 장점을 말한다. 이와 마찬가지로 '대리 뮌히하우젠 증후군'의 경우, 병에 걸린 아이를 헌신적으로 간병하는 '좋은 부모'를 연기함으로써 주변에서 칭찬하거나 친절히 대해 주는 것이 '질병 이득'이 된다.

이 학대는 처음에는 검사 결과를 속이는 등 실제로는 건강한 아이를 병에 걸린 것처럼 보여 주는 것으로 시작하지만, 점차 아이가 진짜로 병에 걸리도록 행동하고 마침내는 주위의 주목을 계속 끌기 위해 아이의 병을 키우는 패턴을 자주 보인다. 그 결과, 아이가 사망하면 이번에는 형제 등 다른 아이로 대상을 옮기는 경우가 많아 지극히 심각한 학대의 형태라고 할 수 있다.

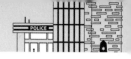

대리 뮌히하우젠 증후군(MSbP)

대리 뮌히하우젠 증후군의 특징

허위

- 아이를 병원에 데려가 존재하지 않는 거짓 증상을 신고한다.
- 주변 사람들에게 자신의 아이가 병에 걸렸다고 말하고 다닌다.

날조

- 체온계를 조작하여 고체온으로 위장한다. 아이의 소변에 자신의 피를 섞어 혈뇨로 위장한다 등 인위적으로 검사 소견을 날조한다.
- 아이에게 약을 먹이거나 링거에 이물질을 혼입하는 등 인위적으로 아이의 몸을 안 좋게 하거나 병적 상태를 만들어 낸다.
- 고의로 아이에게 상처를 입힌다.

대리 뮌히하우젠 증후군의 심리

헌신적으로 아이를 간병하는
'좋은 부모'처럼 연기한다.

↓

주위 사람들의 관심이나 동정을 얻는다.

↓

사람들이 칭찬하고, 친절하게 대해 주는것 등의
'질병 이득'을 얻는다.

'질병 이득'을 얻기 위해
계속적으로 아이의 병을 날조하는 등
학대를 반복한다.

'좋은 부모'임을 어필하려고 일부러 아이를 병에 걸리게 하고 간병한다

49 학대받은 아이는 부모가 되었을 때 학대한다!?

'학대의 연쇄'는 정말 있을까?

　　　　　부모가 학대하는 원인으로 많이 이야기하는 것으로 '학대의 연쇄'라는 것이 있다. 이는 학대받고 자란 아이는 자신이 부모가 되었을 때 똑같이 아이를 학대한다는 것이다.

　그 이유로는 '어렸을 때 받은 학대 경험이 트라우마가 되어 자신이 부모가 되었을 때 그것을 재현해 버리기 때문'이라거나 '폭력적인 육아 스타일을 학습해 버리기 때문'이라고 이야기하지만, 실제로 '학대의 연쇄'는 정말 있는 것일까?

　이에 대해서는 위덤의 연구가 있다. 그는 1967년부터 1971년에 미국 중서부 대도시권 지방 재판소에 기록된 903건의 아동 학대 건을 모두 추적하였다. 피해 아동이 부모가 되었을 때 어떤 범죄를 저질렀는지 또는 그들도 아이를 학대하는지를 조사하여 학대를 받지 않은 667명의 그룹(통제군)과 비교했다.

　그 결과, 학대를 받은 남성은 성인이 되었을 때 통제군과 비교하여 폭력 범죄를 저지르는 경향이 있다는 것을 알게 되었지만, 학대로 검거된 비율은 남녀 모두 통제군과 별로 다르지 않았다. 즉, 이 조사로부터 '학대의 연쇄'라는 현상은 확인할 수 없다는 것이 밝혀졌다.

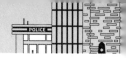

학대의 연쇄는 사실일까?

학대의 연쇄란?

학대를 받고 자란 아이는 자신이 부모가 되었을 때도 똑같이 아이를 학대한다는 설

학대의 연쇄의 원인으로 자주 말하는 것들

- 학대받은 경험이 트라우마가 되어 그것을 재현해 버린다.
- 폭력적인 육아 스타일을 학습해 버린다.

실제 연구 결과, 학대를 받았다고 해서 반드시 아이를 학대하는 것이 아니라는 것이 판명되었다.

통제군과 비교하면, 학대를 받은 남성이 성인이 되었을 때 폭력 범죄를 저지르는 경향이 있지만, 학대로 검거되는 비율은 통제군과 별로 다르지 않았다.

학대받은 아이와 통제군 아이가 성인이 되어 폭력 범죄, 학대로 검거된 비율 비교

검거	성별	학대받은 아이	통제군
폭력 범죄로 검거	남자	15.6%	10.2%
	여자	1.7%	2.1%
학대로 검거	남자	2.0%	1.8%
	여자	0.2%	0.3%

(Widom, 1989)

2세대에 걸쳐 학대가 일어난 경우도 그 원인은 과거의 학대의 연쇄라기보다 2세대 공통의 경제적·사회적 문제에 있다. 따라서 사회적 지원에 따라 학대의 연쇄를 충분히 끊을 수 있다.

50 고령자에 대한 학대나 간병 살인은 왜 일어날까?

간병하는 사람에 대한 지원이 필요하다

고령화 사회인 일본에서 고령자에 대한 학대나 간병 살인은 결코 남의 일이 아닌 큰 사회 문제 중 하나이다. 고령자 학대의 케이스로는 배변 실수 등에 대해 신체적 폭력을 휘두르거나 그대로 방치하는 일, 치매로 배회하는 고령자를 방에 가두거나 구속하는 일 등이 있다.

이런 학대의 배경을 이해하는 데 있어 알아 두어야 할 것은 '치매 환자와 가족의 모임'의 스기야마 타카히로 의사가 만든 치매 간병 가족이 거치는 4개의 심리적 단계이다. 이것은 '제1단계: 당황·부정', '제2단계: 혼란·분노·거절', '제3단계: 결론·포기', '제4단계: 수용'이라는 것으로 간병 환자의 가족은 이 순서대로 심리 상태가 변화한다고 한다. 이 중 학대나 간병 살인이 발생하기 쉬운 것은 제2단계 시기로, 특히 혼자서 간병해야 하는 경우 피로로 인한 스트레스나 우울증 등으로 심리적으로 쫓기게 된다. 그리고 혼자서 고민을 껴안은 채 장래를 비관하여 결국 간병 살인, 동반 자살과 같은 선택으로 이어지게 되는 것이다. 이를 방지하려면 사회적 지원이 필수 불가결하다. 간병이 필요한 사람뿐만 아니라 간병하는 가족 자신에 대한 지원을 충분히 제공해야 할 필요가 있다.

치매 환자 간병 가족이 거치는 4가지 심리적 단계

 제1단계 당황·부정

가족의 이상한 행동에 당황하여 부정하려고 한다.
주위 사람에게 털어놓지 못하고 혼자 고민한다.

제2단계 혼란·분노·거절

치매 증상에 휘둘려 정신적·신체적으로 피로가 쌓
인다. 치매에 대한 이해 부족으로 어떻게 대처해야
좋을지 몰라 혼란스러워하거나 분노가 치밀어 올라
소리치거나 화를 낸다. 치매 환자에 대한 거부감이
나 절망감에 빠지기 쉽다.

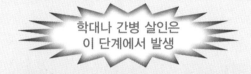

학대나 간병 살인은
이 단계에서 발생

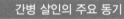

간병 살인의 주요 동기

- 장래에 대한 불안이나 절망
- 오랜 시간의 간병에 따른 스트레스, 간병 피로
- 우울증 등 심신 쇠약
- 경제적인 궁핍

 제3단계 결론·포기

짜증을 내도 어쩔 수 없다고 결론을 내린다. 또는
될 대로 되라는 식의 포기 경지에 이른다.

 제4단계 수용

치매에 대한 이해도를 높이고 치매 환자를 가족의
일원으로 받아들일 수 있게 된다.

동물 학대에 대한 검거가 급증하고 있다!?

최근 급증하고 있는 범죄로 '동물 학대'가 있다. 일본 경찰청에 따르면, 동물 학대 검거 수가 2013년 36건이었던 것이 2022년에는 166건으로 4배 이상 늘고 있다고 한다. 이는 일본에서 2019년에 개정한 「동물애호관리법」에 따라 동물 학대로 여겨지는 사건에 대해 수의사의 신고가 의무화되었다는 것이 그 배경이라고 할 수 있다. 또 동물 학대에 대해 주로 말하는 것 중 하나로 동물 학대가 살인과 같은 중대 범죄의 전조라는 것이 있다.

실제로 해외에서는 살인이나 강간과 같은 반사회적 행위와 동물 학대의 관련을 나타내는 여러 가지 조사가 있는데, 예를 들면, FBI의 조사에서는 연쇄 살인범의 46%가 사춘기에 동물 학대 경험이 있다는 것이 드러났다. 그런데 이런 조사는 어디까지나 살인범 중에서의 비율을 조사한 것으로, '동물 학대 경험이 있지만 살인은 하지 않은 사람'도 많이 있을 것이고 이들의 존재는 고려되지 않은 조사이다. 이런 점에서 '동물 학대 = 중대 범죄의 위험 요인'으로 성급히 결론짓는 것은 문제가 있다는 지적도 있다.

동물 학대율(「동물애호관리법」 제44조 위반)의 검거 사건 수의 추이

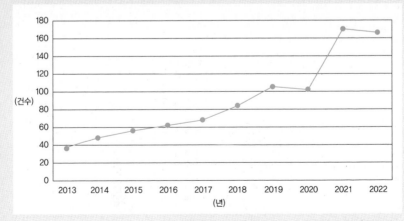

일본 경찰청, 「2022년 생활경제사범 검거 상황 등에 대해」에서 발췌

제 **5** 장

다양한 범죄 심리

51 도둑은 어떤 집을 노릴까?

범인은 돈의 유무보다 쉽게 잡히지 않는 것을 중시한다

빈집 털이와 같은 절도의 경우, 돈이 있을 것 같은 집보다 '쉽게 잡히지 않을 것 같은 집'을 노린다고 한다. 물론 침입한 집에 돈이 많이 있으면 더할 나위 없겠지만, 아무리 돈이 많아도 잡혀버리면 아무 소용없기 때문이다.

특히 범인이 신경 쓰는 것은 주위의 눈이다. 실제로 주거지 침입 절도범을 대상으로 한 조사에서 범행을 포기한 이유의 60%가 '누군가 말을 걸었기 때문'이라고 대답했다. 즉, 인근 주민끼리 얼굴을 다 알고 있고 이웃과 사이가 좋은 지역은 범인이 범행을 저지르기 힘든 장소라는 것이다.

또 범인의 침입 경로는 열쇠가 잠겨 있지 않은 곳 이외에 유리를 깨고 창문으로 침입할 수 있는 곳이 가장 많았다. 따라서 창문의 잠금 장치가 열기 쉬운 위치에 있고 그 창문이 주위에서 보이지 않는 사각지대에 있는 집은 도둑이 털기 좋은 대상이 된다.

또한 범인이 가장 피하고 싶은 일은 남의 주거지에 침입한 것을 다른 사람이 보고 신고하는 일이라고 한다. 실제로 약 70%의 범인이 5분 이내에 침입하지 못하면 범행을 포기한다는 데이터도 있다. 그러므로 창문에 철창이나 보조 자물쇠를 다는 것은 빈집 털이 대책에 효과적이라고 할 수 있다.

절도범의 실태

범행을 포기한 이유

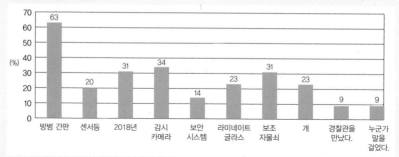

(재)도시방범연구센터, 「JUSRI 리포트 별책 No.17 방범 환경 핸드북」에서 발췌

단독 주택의 침입 경로

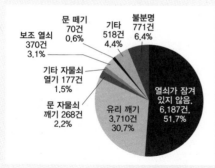

문 떼기 70건 0.6%
보조 열쇠 370건 3.1%
기타 518건 4.4%
불분명 771건 6.4%
기타 자물쇠 열기 177건 1.5%
문 자물쇠 깨기 268건 2.2%
유리 깨기 3,710건 30.7%
열쇠가 잠겨 있지 않음. 6,187건, 51.7%

일본 경찰청 홈페이지에서 발췌

침입을 포기하는 시간

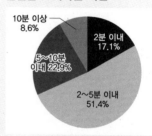

10분 이상 8.6%
2분 이내 17.1%
5~10분 이내 22.9%
2~5분 이내 51.4%

(재)도시방범연구센터 「JUSRI 리포트 별책 No.17 방범환경 핸드북」에서 발췌

열쇠가 잠겨 있지 않은 경우 이외에는 창문으로 침입하는 경우가 가장 많다.

약 70%의 범인이 5분 이내에 침입할 수 없으면 포기한다.

침입하기 쉬운 집의 특징

- 정원 나무 등으로 가려진 사각지대가 있다.
- 침입하기 위한 발판 같은 것이 있다.
- 창문의 잠금 장치가 열기 쉬운 위치에 있다.
- 개가 없다.
- 역에서 가까워 도주하기 쉽다.
- 길거리에서 이야기하는 사람이나 통행인이 적다.

도둑은 어떤 집을 노릴까?

52 돈이 있는데도 물건을 훔치는 이유는?

좀도둑질을 하는 동기

좀도둑질이란, 편의점이나 슈퍼, 서점과 같은 소매점에서 상품을 몰래 훔치는 행위를 말한다. 좀도둑범은 청소년이 가장 많지만 최근에는 고령자도 증가하고 있다.

이런 좀도둑은 '갖고 싶은 물건이 있지만 돈이 없기' 때문에 범행에 이른다는 이미지가 있지만, 현재의 좀도둑은 경제적인 이유가 동기인 경우는 별로 많지 않다. 실제로 경찰청 조사에 따르면 전체의 약 50%, 고령자의 경우는 약 70%가 지불 능력이 있는데도 물건을 훔친다고 한다. 그 동기로는 갖고 있는 돈은 다른 목적으로 쓰고 싶다는 절약을 위한 좀도둑, 훔친 것을 되파는 전매 목적의 좀도둑, 범행 시의 스릴을 맛보기 위한 좀도둑, 청소년의 비행에 따른 좀도둑, '클렙토매니아'라고 하는 물건을 훔치고 싶다는 강한 충동이 일어 물건을 훔치는 좀도둑 등이 있다.

또 고령자의 절도가 증가한 배경으로는 사회로부터 고립되었기 때문이라는 의견도 있다. 실제로 도쿄도의 '좀도둑에 관한 유식인 연구회'의 조사에서는 65세 이상의 좀도둑 중 '혼자 사는 사람'이 56.4%, '교우 관계를 갖고 있지 않다'고 대답한 사람이 46.5%를 차지하고 있어 고령자에게 있어 절도는 사회와의 유일한 커뮤니케이션 수단이 되었을 가능성이 있다는 지적도 있다.

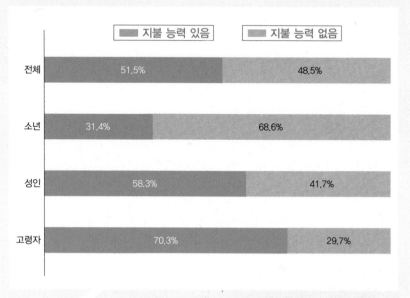

좀도둑의 실태와 분류

좀도둑의 지불 능력 유무

■ 지불 능력 있음   ■ 지불 능력 없음

	지불 능력 있음	지불 능력 없음
전체	51.5%	48.5%
소년	31.4%	68.6%
성인	58.3%	41.7%
고령자	70.3%	29.7%

일본 경찰청, 「좀도둑 피의자 등에 관한 실태 조사 분석 보고서(2016년 조사)」에서 발췌

전체의 약 50%, 고령자의 약 70%는 지불 능력이 있는데도 물건을 훔친다.

좀도둑의 분류

- 갖고 싶은 물건을 절취하는 좀도둑
- 생활을 위한 좀도둑
- 절약을 위한 좀도둑
- 전매 목적 좀도둑
- 비행에 의한 좀도둑
- 스릴을 추구하는 좀도둑
- 클렙토매니아에 따른 좀도둑
- 고독을 위한 좀도둑
- 학대의 사인으로서의 좀도둑

절약, 전매, 비행, 스릴, 클렙토매니아, 고독의 경우 구입할 돈이 있어도 물건을 훔친다.

돈이 있는데도 물건을 훔치는 이유는?

53 강도범은 어떤 곳을 타깃으로 할까?

강도가 선호하는 가게의 조건

강도는 폭력이나 협박을 사용하여 타인의 재산을 강탈하는 범죄이다. 이런 강도범이 대상으로 삼을 장소를 고를 때는 빈집 털이와 마찬가지로 도망가기 쉽고 잘 잡히지 않는 장소인지 아닌지가 중요한 요소이다. 예를 들어 영국에서 734건의 은행 강도에 대해 분석한 조사에서는 한 번 피해를 입은 지점의 50%가 3년 이내에 다시 피해를 입었고, 그중에는 6년 동안 5번이나 강도가 든 지점도 있었다. 한편 같은 동네이지만 전혀 피해를 입지 않은 은행도 있어서 강도범이 노리기 쉬운 지점이 분명 있다는 것을 알게 되었다.

범인이 대상으로 삼는 요인으로는 방범 시스템이 취약하다, 가게 앞에 차를 대기 쉽다, 몸을 숨길 수 있는 장소가 옆에 있다, 도주 루트가 여러 개 있다, 도주를 힘들게 만드는 교통량이 많은 교차로나 철도 건널목이 없다, 경찰이 출동하기 나쁘다 등을 들 수 있는데, 이런 조건이 갖춰진 곳을 노린다고 할 수 있다.

또 강도범은 그 계획성과 충동성 유무에 따라 크게 '프로페셔널 유형', '도적 유형', '카우보이 유형'으로 분류할 수 있는데, 금융 기관이나 편의점 강도는 의외로 초보자의 범행이 많아 대부분이 빠른 시간 내에 검거되고 있다.

무장 강도범의 분류와 표적이 되기 쉬운 조건

일본의 무장 강도 분류

① 프로페셔널 유형
(계획성 있음·충동성 없음)

현장 주변의 사전 조사나 도주 경로 확인과 같은 면밀한 준비를 한 후에 민가 등에 침입하는 프로 범인

② 도적 유형
(계획성 있음·충동성 있음)

범행을 하는 데 있어 용의주도하지만, 현장에서 컨트롤을 실패하는 범인. 금융 기관 강도에 많이 보이는 유형

③ 카우보이 유형
(계획성 없음·충동성 있음)

준비도 없고 변장도 하지 않은 채로 편의점 등에 침입하는 유형. 금전 획득이나 도주에 실패할 가능성이 높은 초보 범인

121

은행 강도가 보는 피해를 입기 쉬운 지점

1992~1994년에 영국의 수도 경찰이 다룬 734건의 은행 강도를 분석한 결과, 한 번 피해를 입은 지점의 50%가 3년 이내에 다시 피해를 입었다는 것이 밝혀졌다.

미국 시애틀의 조사에서도 63%의 은행이 2번 이상 피해를 입었다.

• 방범 시스템이 취약하다.
• 지점 앞에 차를 대기 쉽다.
• 몸을 숨길 수 있는 장소가 옆에 있다.
• 도주 루트가 여러 개 있다.
• 도주를 곤란하게 하는 교통량이 많은 교차로나 철도 건널목이 없다.
• 경찰이 출동하기 나쁘다.

반복해서 피해를 입는 은행이 있는 반면, 같은 동네에 있으면서도 전혀 피해를 입지 않은 은행이 존재하는 경우도 많다.

이런 조건을 갖춘 은행을 노리기 쉽다.

강도가 선호하는 지점과 회피하는 지점이 있다.

강도범은 어떤 곳을 타깃으로 할까?

54 사이버 범죄로부터 자신을 지키는 방법은?

자기조절과 리스크

스마트폰이 널리 보급된 현재 개인정보 유출이나 비밀번호 누설에 따른 부정 액세스, 바이러스나 멀웨어 감염과 같은 사이버 범죄는 우리들 가까이에 존재하는 '위협'이다.

이런 사이버 범죄의 피해 방지에 대해서는 '여러 사이트에 똑같은 비밀번호를 계속 사용하지 않는다', '수상한 사이트는 열람하지 않는다', '메일에 기재된 URL이나 첨부 파일을 부주의하게 열지 않는다' 등 개인의 보안 의식이 중요하다. 그러나 실제로 자기조절 능력이 낮은 사람은 이런 리스크가 높은 행동을 쉽게 하는 경향이 있다.

자기조절이란, 보다 큰 만족을 얻기 위해 눈앞에 있는 단기적인 욕구 충족을 억제할 수 있는 능력을 말한다. 보안 위험은 본래는 위험이 있는 행동을 제어할 필요가 있는데, 자기조절 능력이 낮은 사람은 그 행동으로부터 얻을 수 있는 단기적인 만족에 대한 충동을 억누르지 못하고 위험한 행동을 해 버리는 경향이 있는 것이다.

자기조절 능력을 가늠하는 지표로 '글래스믹의 자기조절 척도'가 있다(오른쪽 페이지). 이에 해당하는 항목이 많은 사람은 보안 위험에 관해 주의할 필요가 있다고 할 수 있다.

자기조절과 보안

자기조절이란?

더 큰 만족을 얻기 위해 눈앞에 있는 단기적인 욕구 충족을 억제할 수 있는 능력을 말한다. 취업 생활, 학업 성적, 대인 관계, 장래에 걸친 성공 등과 관련되어 있으며, 이 경향이 큰 경우는 보다 적응적인 행동을 보이고 부적응한 행동이 억제된다고 한다.

예
- 어느 정도 시간을 참아 더 많은 마시멜로를 얻을지, 일단 눈앞에 있는 마시멜로를 먹을지
- 장기적으로 체중을 줄여 나가 이상적인 외모와 건강 상태를 만들지, 눈앞의 케이크를 먹을지 등

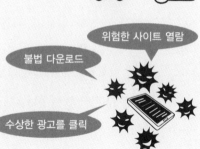

위험한 사이트 열람

불법 다운로드

자기조절 능력이 낮은 사람은 단기적인 만족을 추구하므로 위험성이 높은 행동을 취하기 쉽다.

수상한 광고를 클릭

글래스믹의 자기조절 척도의 예

1 순간적인 기분으로 행동하는 경우가 많다.
2 복잡해지면 쉽게 포기한다.
3 그저 스릴을 만끽하고 싶어서 때때로 위험한 일을 한다.
4 다른 사람에게 폐를 끼치게 되어도 우선 자신을 가장 먼저 생각한다.
5 쉽게 화를 낸다.
6 가만히 생각하기보다 몸을 움직이는 쪽이 기분이 좋다.
7 누군가에게 화를 낼 때 이유를 설명하기보다 그 사람에게 상처를 입히고 싶다.

사이버 범죄로부터 자산을 지키는 방법은?

55 특수 사기 수법은 매우 교묘하다

알고 있어도 속는 이유

'나야나 사기'나 '환급금 사기', '예적금 사기'와 같은 특수 사기의 피해는 지금까지 언론에서 많이 언급하고 있지만, 아직도 속는 사람이 많다. 사람들이 쉽게 속는 이유는 범인들의 교묘한 심리 테크닉이 숨어 있기 때문이다.

그중 하나는 '반보성의 원리'이다. 이것은 상대가 친절하게 대해 주고 서비스를 먼저 받은 경우, 자신도 상대에게 협력하고 싶어지는 심리를 말한다. 예를 들어 '나야나 사기'는 처음에 상대의 몸 상태를 염려하는 등 아이나 손자를 사칭한 인물이 피해자에게 상냥한 말을 건네는 유형이다. 또 '동요→지시 테크닉'도 이런 사기의 전형적인 테크닉이다. 예를 들면 '아들이 치한으로 체포당했다'라며 피해자를 패닉 상태로 만들고 그 직후에 '위자료 500만 원을 내면 소를 취하할 수 있다'와 같이 그 불안에서 빠져나오기 위한 구체적인 지시를 하면 상대는 그에 쉽게 따르게 된다.

이외에 '처음에 큰 요구를 하고 그다음에 처음 요구보다 작은 요구를 하면 상대가 요구를 승낙하기 쉬워진다'는 '도어 인 더 페이스'라는 테크닉도 있다. 이런 심리 조작으로 범인들은 피해자의 냉정한 판단력을 흐리고 감쪽같이 속여 돈을 얻어 내는 것이다.

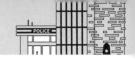

사기에서 사용하는 심리 테크닉

반보성의 원리

상대가 다정하게 말을 걸거나 서비스를 먼저 받으면 이쪽도 상대에게 협력하고 싶어지는 원리

> 무료로 써 볼 수 있는데 어떠세요?

먼저 서비스를 받음으로써 계약을 하지 않으면 미안하다는 심리가 작용한다.

동요→지시 테크닉

상대를 동요시켜 불안하게 만들고 그 후에 그 불안으로부터 빠져나오기 위한 구체적인 지시를 하면 상대가 쉽게 따른다는 원리

> 아들이 치한으로 체포되었다. 위자료로 500만 원이 필요하다.

체포라는 말로 패닉 상태가 되어 냉정한 판단을 할 수 없게 된다.

도어 인 더 페이스

처음에 큰 요구를 하고 그다음에 처음 요구보다 작은 요구를 함으로써 상대가 이쪽의 요구를 승낙하기 쉬워지게 하는 심리

구체적인 예

1　회삿돈 5,000만 원을 횡령했다. [큰 요구]

2　4,000만 원은 내가 어떻게 해서든 구할 테니 1,000만 원만 빌려 달라. [작은 요구]

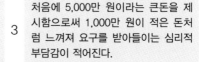

3　처음에 5,000만 원이라는 큰돈을 제시함으로써 1,000만 원이 적은 돈처럼 느껴져 요구를 받아들이는 심리적 부담감이 적어진다.

특수 사기 수법은 매우 교묘하다

56 방화범의 심리 상태

방화범의 동기와 유형

방화는 주로 도시에서 많이 발생하고 그 대상은 반 정도가 건물이며 나머지는 차량이나 공터, 공원, 쓰레기 수거함 등이다. 통상적인 화재는 낮에 일어나는 것이 많은 데 비해, 방화는 야간에 발생하는 경우가 많으며 특히 한밤중에 발생하는 화재의 경우 방화의 비율이 높아진다. 또 단일 방화는 주택에서 일어나는 경우가 많지만, 연쇄 방화의 경우는 쓰레기 수거함이나 차량과 같이 건물 이외를 노리는 경우가 많다.

방화범에게는 다양한 동기와 행동이 존재하는데, 크게 8가지 유형(오른쪽 페이지)으로 분류할 수 있다. 이 중 가장 많은 것은 '울분을 풀기 위한 방화'로, 연쇄 방화범에게 주로 보이는 유형이다. 예를 들어 가나가와현 경찰과학수사연구소의 우에노 아쓰시의 조사에 따르면, 연쇄 방화범의 64.9%가 동기로 '불만의 발산'을 들고 있으며 '방화를 하면 속이 시원해진다'는 보고가 많은 것이 특징이다.

또 아이의 방화는 이와는 다른 유형으로 다루어지며 불장난과 같은 호기심에 의한 것, 가정 문제나 생활상의 스트레스가 원인인 것, 비행 행위 중 하나로 불을 내는 것, '학교에 가고 싶지 않다' 등의 이유로 불을 내는 것, 반복해서 방화를 하는 병리적인 것으로 분류한다.

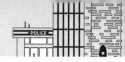

방화범의 분류

성적 흥분을 얻기 위한 방화

자신이 낸 불을 주시함으로써 성적 쾌감을 얻는 유형. 자위 행위 직후에 불을 내고 싶어지는 등 성적 일탈이 있다. 이 종류의 성적 일탈을 '파이로 매니악'이라고 하는데, 일본에서는 거의 보고 사례가 없다.

영웅 지향에 의한 방화

불을 낸 후 스스로 끄거나 경찰이나 소방서에 연락해 '히어로'가 되는 것을 목적으로 한 유형. 범인 중에는 소방관을 지망하는 사람이나 이미 소방관인 사람, 소방서에 소속되어 있는 사람도 있다.

복수를 위한 방화

원한이 있는 상대에 대한 복수로 방화를 하는 유형. 실제로 인간관계가 있는 인물에 대한 복수뿐만 아니라 '부자'나 '학교', '사회' 등 추상적인 범주에 대한 복수를 위해 방화를 하는 경우도 있다.

울분을 풀기 위한 방화

일상생활에서 느끼는 짜증이나 불만을 해소하기 위해 방화하는 유형. '복수를 위한 방화'와 달리, 불만의 원인과는 전혀 관련 없는 것에 방화를 하는 것이 특징이다. 방화범 중에 가장 많은 유형으로, 특히 연쇄방화범에게 많다.

이득을 위한 방화

화재 보험금 등의 수령을 목적으로 방화를 저지른다.

범죄 조직과 관련된 방화

범죄 조직이 위협이나 트러블 개입을 위해 방화하는 경우가 있으며 일본에서도 폭력단은 이런 종류의 방화를 종종 저지른다.

테러와 관련된 방화

정치적·종교적 테러에 따른 파괴 활동으로 방화가 사용되는 유형. 정부나 정당의 건물, 경찰, 황궁, 종교 시설, 기업, 다른 나라의 대사관이나 시설, 외국인 학교 등 배경이 되는 이상에 따라 공격 대상이 정해지며 폭발물을 사용하는 경우도 많다.

다른 범죄를 은폐하기 위한 방화

횡령이나 절도, 살인 등의 증거를 은폐하기 위해 방화를 저지르는 유형. 절도 목적으로 주거지에 침입했지만, 충분한 성과를 얻지 못한 범인이 증거 은폐와 울분 해소를 목적으로 현장에 방화하는 경우도 있다.

잠 못들 정도로 재미있는 이야기
범죄심리학

2024. 11. 20. 초 판 1쇄 인쇄
2024. 11. 27. 초 판 1쇄 발행

감수 | 오치 케이타
옮긴이 | 이영란
펴낸이 | 이종춘
펴낸곳 | BM (주)도서출판 성안당
주소 | 04032 서울시 마포구 양화로 127 첨단빌딩 3층(출판기획 R&D 센터)
　　　10881 경기도 파주시 문발로 112 파주 출판 문화도시(제작 및 물류)
전화 | 02) 3142-0036
　　　031) 950-6300
팩스 | 031) 955-0510
등록 | 1973. 2. 1. 제406-2005-000046호
출판사 홈페이지 | www.cyber.co.kr
ISBN | 978-89-315-7508-8 (04080)
　　　　978-89-315-8889-7 (세트)
정가 | 9,800원

이 책을 만든 사람들
책임 | 최옥현
진행 | 김지민
교정·교열 | 안종군, 김지민
본문 디자인 | 김인환
표지 디자인 | 박원석
홍보 | 김계향, 임진성, 김주승, 최정민
국제부 | 이선민, 조혜란
마케팅 | 구본철, 차정욱, 오영일, 나진호, 강호묵
마케팅 지원 | 장상범
제작 | 김유석

"NEMURENAKUNARUHODO OMOSHIROI ZUKAI HANZAISHINRIGAKU"
supervised by Keita Ochi
Copyright © NIHONBUNGEISHA 2024

All rights reserved.
First published in Japan by NIHONBUNGEISHA Co., Ltd., Tokyo
This Korean edition is published by arrangement with NIHONBUNGEISHA Co., Ltd., Tokyo in care of Tuttle-Mori Agency, Inc., Tokyo, through Duran Kim Agency, Seoul.

Korean translation copyright © 2024 by Sung An Dang, Inc.